주린이도 수익 내는
알짜 주식
선정 노하우
9가지

찾았다! 완전 초보도 할 수 있는 주식투자

주린이도 수익 내는
알짜 주식
선정 노하우
9가지

설춘환 지음

이레미디어

리얼 생생 수강 후기

정규 강의를 듣고 주식하기 전 정말 중요한 게 무엇인지 확실히 알게 되었습니다. 그리고 항상 매수매도 타이밍을 몰라서 불안한 마음도 있었는데 차트 보는 걸 확실히 알게 되어 좋습니다. 중요한 핵심 포인트만 찍어 설명해주시고 주식투자에 유용한 사이트도 많이 배웠습니다. 우연히 교수님 유튜브를 보고 카페에 가입해서 강의까지 듣게 되어 개인적으로 너무 뿌듯합니다. ㅎ 감사합니다~^^

_구독자 귀족선언

설교수님 강의는 저의 최애 원픽입니다. 설명도 술술술~ 이해가 쏙쏙되고 재미있고요. 그리고 교수님의 긍정적인 마인드도 배울 점이 많아서 앞으로도 교수님 강의는 즐겨찾기 꾸욱~! 할 거예요! 교수님의 다른 책들도 좋았는데 이번 주식책도 너무 기대됩니다!!

_수강생 김소영

세상 어디에도 이보다 알기 쉽고 족집게처럼 짚어주는 강의가 없다. 설 교수님이 주식 강의의 슈퍼스타^^!

_구독자 유민상

저는 유튜브를 통해서 교수님을 알게 되었습니다. 주식을 전혀 모르는데 교수님 덕분에 공부를 할 수 있어서 너무 좋았고 최근에 현대일렉트릭과 부스타는 7퍼센트대 이상의 이익을 창출하였습니다. 앞으로도 계속 교수님 강의를 듣고 열심히 공부하려고 강의 신청도 해놓았습니다. 늘 감사합니다. 항상 건강하셔서 계속 좋은 강의 부탁드립니다.

_구독자 박수재(안개꽃)

항상 진정성 있고, 듣는 사람들로 하여금 감탄을 자아내는 강의 실력을 보여주시는 설춘환 교수님! 그런 교수님의 책이라니, 믿고 구매할 수 있을 것 같습니다. 책으로 이론 공부 후 설캠 유튜브에서 추천해주시는 종목들에 도전해보는 것도 좋을 것 같습니다.

_구독자 분노한 삼겹살

주식 강의 듣고 주식투자 시작~! 경매도, 공매도, 주식까지!! 주린이도 투자하고 수익 낼 수 있는 최고의 강의! 역시 재테크 명가 '설춘환캠퍼스' 강추합니다.

_수강생 장이미

주식을 책으로 공부하며 힘들었을 때 교수님의 주식 강의를 접하였습니다. 저한테는 센세이션 그 자체였습니다. 주식 차트가 보이고 재무구조가 보이기 시작했으니까요. 앞으로 교수님의 강의를 들으면서 더욱 발전할 저의 모습이 기대됩니다. 다들 성투하세요~^^

_수강생 박경미

교수님 강의 반복해서 잘 보고 있습니다. 정말 훌륭한 강의 추천하고 싶습니다. 주식은 수익을 확정지을 때 비로소 완성임을 알게 되었습니다. 주식 배울 때 꼭 봐야 할 책인 것 같습니다.

_수강생 효니

설춘환 교수님의 강의는 ① 단박에 이해하기 쉽다. ② 정곡을 관통하는 인사이트를 준다. ③ 위트와 재미가 있다.

_수강생 짐캐리

실적 좋고, 재무상태 좋고, 차트까지 좋은 종목 추천해주셔서 주린이한테 엄청 큰 도움이 되어요. 별이 다섯 개~~~입니다!!

_구독자 쭈미

주식 공부를 하기 시작하면서 유튜브로 선생님을 알게 되었습니다. 추천 종목, 차트 분석 및 자생력을 키워주는 강의를 들으며 신뢰를 느꼈고, 신뢰는 바로 수익 실현으로 이루어졌습니다. 플러스 수익! '설춘환캠퍼스' 파이팅입니다!

_구독자 상지커

귀에 꽂히는 듯한 마력의 목소리로 간단명료하게 핵심을 잘 전달해주셔서 주린이도 옆길로 새지 않고 열공하게 만드는 명강의에요~!! 요즘 주식으로 월세 법니다~♡ 주린이는 교수님 강의가 딱이야~.

_수강생 KIMURAN

우연한 기회에 교수님 주식 특강 강의를 듣게 되었고 지금은 왕팬입니다. 주식투자 흐름의 포인트만 콕콕 집어 주시니 주린이인 저에게 큰 도움이 되네요. 수익까지 이어지고 있습니다. 항상 감사드려요. 교수님의 주식 책도 꼭 읽어보고 싶네요.

_수강생 댈러스줌마

설 교수님의 기본적 분석과 차트 분석을 통한 주식 강의를 듣고 이제는 매월 100만 원 이상의 수익을 내고 있습니다. 유튜브 '설춘환캠퍼스'는 주린이들의 등불입니다. 출간되는 주식책은 이미 제 마음의 원픽입니다.

_구독자 홍석승

설 교수님의 강의를 통해 차트 분석은 물론, 거래량의 중요성, 눌림목 투자법 그리고 세력들의 움직임들의 이야기를 이해할 수 있었습니다.

_수강생 인선

유튜브 '설춘환캠퍼스'를 통해서 처음 접한 설 교수님. 일단 말씀을 잘하시고, 강의도 잘하십니다. 추천 종목도 좋았습니다. 설 교수님께서 늘 강조하는 실적과 재무상태 이제 저도 놓치지 않습니다. 지금까지 수익률 정주행입니다. 늘 감사합니다.

_구독자 정다은

유튜브 투어를 하던 중 '설춘환캠퍼스'를 접하게 되었습니다. 간결하게 안내해주시는 교수님의 강의를 듣고 정식으로 주식을 차근차근 배워보고 싶은 마음이 생겼습니다. 2시간 수강하는 동안 집중할 수 있었고 종목을 발굴할 수 있도록 귀한 사이트 안내와 함께 계좌관리 방법을 소개해주신 것도 새로웠습니다. 수강생 각자가 보유한 종목에 대한 브리핑도 해주시며 수강자들의 불안한 마음을 읽어주시는 교수님의 배려를 느낄 수 있었습니다.

_수강생 아이가넷

Chapter 1
주식투자도
준비가 필요하다

Chapter 2
초보자도 제대로 종목을 선정하는 9가지 단계 _____

Chapter 3

저평가된 주식을 사서
고점에 파는 완벽한 방법

Chapter 4

주식투자도 쇼핑처럼
미리 담아두기

Chapter 5
최신 트렌드를 알면 매매할 수 있는 테마주

트렌드를 알아야
돈의 흐름을 볼 수 있다!

이제는 부동산보다 주식이 답이다

인터넷에서 재테크 정보를 조금만 찾아보아도 알 수 있듯이 2020년 대한민국을 뒤덮은 화두는 단연 '주식'이었다. 출판 시점까지도 '주식' 키워드가 '부동산' 키워드를 압도한다. 그 사정을 눈으로 확인할 수 있는 곳은 서점이다. 불과 3년 전만 하더라도 서점에 가면 부동산투자 책이 주식투자 책보다 압도적으로 많았다. 그러나 지금은 정반대의 상황이다. 주식 서적의 매대 앞에 예비 투자자들의 발걸음이 끊이지 않는다.

부동산투자에 대한 관심이 그 어느 때보다도 높았던 2017년과 비교를 해봐도 재테크 흐름이 눈에 띄게 바뀌었음을 알 수 있다. 아파트 가격이 급등하고 부동산 규제가 강화되어서 부동산투자는 부담스럽다. 그렇지만 미래를 대비할 돈은 여전히 필요하다. 투자를 고민하던 사람들의 이목이 주식으로 쏠리는 것은 어쩌면 당연한 일인지도 모르겠다.

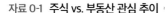

자료 0-1 주식 vs. 부동산 관심 추이

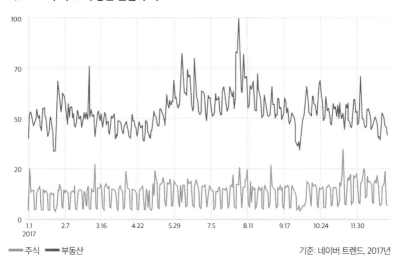

━ 주식 ━ 부동산

기준: 네이버 트렌드, 2017년

주식투자 전성시대, 투자는 필수

저금리 시대에는 예금으로 돈을 모으기가 어렵다. 시장의 기준금리는 0.5퍼센트로 사상 최저치이고, 정기예금의 이자율은 연 1퍼센트 초중반

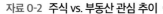

자료 0-2 주식 vs. 부동산 관심 추이

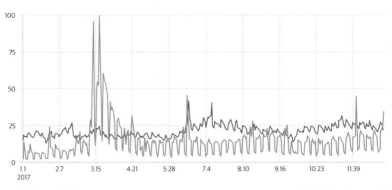

━ 주식 ━ 부동산

기준: 네이버 트렌드, 2020년

대다. 앞으로도 상당한 기간 현재의 금리 기조가 이어질 것 같다. 조금 과장해서 저축으로 돈을 버는 시대는 끝났다고 봐야 한다. 뭐라도 해야 돈을 모을 수 있다는 의미이다. 아파트 가격은 너무 높아 진입이 쉽지 않다. 수중에 있는 500만 원, 1,000만 원, 5,000만 원으로 재테크를 어떻게 하면 좋을까를 고민하는 사람들이 많을 것이다.

답은 주식투자에 있다. 누구나 할 수 있고, 소액으로도 가능하고, 단기적으로 큰 수익을 올릴 수 있다. 사고팔기 편리하고, 보유세·양도세도 없다는 주식투자의 장점 때문인지 주변에 어느 누구 하나 시작하지 않은 이가 없을 정도다. 특히 10대, 20대, 70대 주식투자자가 급증했다. 필자가 운영하고 있는 유튜브 채널 '설춘환캠퍼스'에서 과거 부동산투자 관련 영상을 오픈했을 때는 10대와 20대의 시청자 비중이 전체 대비 10퍼센트밖에 되지 않았는데, 주식투자 관련 영상을 오픈하는 요즘에는 10대와 20대의 시청자 비중이 전체 대비 25퍼센트나 된다. 70대도 10퍼센트를 차지할 정도다.

돈과 주식투자의 관계

금리가 낮으면 대출 이자 부담이 적다. 많은 사람이 대출을 한도까지 내어 투자처를 찾아 나선다. 이러한 유동자금은 어디로 갔을까? 코로나19로 지급된 재난지원금은 또 어디로 갔을까? 각각의 원인으로 모인 자금은 부동산과 주식시장으로 흘러들어 부동산 가격 상승과 주가 상승의 강한 압력으로 작용한다. 시장에 작용하는 돈의 힘이 피부에 와닿는 시기이다. 높은 값으로 오른 아파트를 실수요 목적이 아닌 투자 목적으로 매수하기에 불편한 시점이기 때문에 자금은 주식시장, 즉 주식투자로 몰렸다. 개인투자자의 증권계좌 예탁금이 2021년 1월 기준으로 무려 72조 원을 넘었을 정도니 앞으로도 얼마간은 돈의 힘이 주가를 강하게 그리고 거칠게 끌어올릴 수 있을 것으로 전망된다.

돈의 힘은 경제라는 이름표를 달고 여기저기서 나타난다. 주가는 경기를 선행한다. 경기와 주가는 비례하기 때문에 경기가 좋으면 주가는 상승하고, 경기가 나쁘면 주가는 하락한다. 금리와 주가는 반비례하기 때문에 금리가 오르면 주가는 하락하고, 금리가 내려가면 주가는 상승한다. 통화량은 주가와 비례하기 때문에 통화량이 많으면 유동성이 증가하여 주가는 상승하고, 통화량이 적으면 유동성이 감소하여 주가는 하락한다. 기업 실적과 주가는 동행하기 때문에 기업의 실적이 오르면 주가는 상승하고, 기업의 실적이 떨어지면 주가는 하락한다. 돈과 주식투자는 이러한 관계로 이루어져 있다.

어떤 재테크든 수익률이 지속적으로 상승할 수만은 없다. 이름표를 바꾸어 달고 여기저기서 힘을 과시하는 돈의 특성에 익숙해져야 한다. 그래야 투자 시 발생하는 상황에 따라 유연하게 대처할 수 있다.

주식투자도 가성비를 따져라

'이것과 저것 중 어떤 종목으로 수익을 극대화할 수 있을까', 이 고민은 투자에서 매우 중요하다. 가격보다 더 나은 가치를 가졌는지 가성비를 따져야 한다는 뜻이다.

삼성전자는 시가총액 500조 원, 더 이상의 설명이 필요 없는 대한민국 재계 1위 기업이다. 한라는 시가총액 1천 900억 원 규모의 종합건설 회사다. 한라보다는 삼성전자가 시가총액과 매출액, 영업이익, 인지도 등 모든 면에서 월등하다. 한라보다는 삼성전자에 투자하는 것이 나아 보인다. 그러나 투자자는 다른 시각으로 접근해야 한다.

예를 들어 삼성전자 주식을 9만 원에 매수해서 9만 9,000원에 매도했다면 10퍼센트 수익을 낸 것이다. 한라 주식을 5,000원에 매수해서 7,000원에 매도했다면 40퍼센트의 수익을 낸 것이다. 여기서 주목해야 할 것은 수익률이다. 수익률 면에서 한라가 나을 수 있다는 사실을 놓치는 투자자들이 있다. 주식투자자라면 반드시 '어떤 주식의 수익률이 더 좋을까'를 고민하며 움직여야 한다.

주식투자를 할 때, 수익률 못지않게 수익금도 중요하다. 투자한 원금으로 얼마만큼 이익을 남겼는지도 봐야 한다. 삼성전자 주식을 100만 원어치 매수해서 1년 후에 200만 원에 매도했다. 수익률이 100퍼센트다. 엄청난 수익률이다. 그러나 1년 동안의 노력과 스트레스에 대한 대가가 100만 원에 불과하다면 그다지 유쾌한 결과는 아닌 것 같다. 그럼 이 경우는 어떨까. 삼성전자 주식을 1억 원어치 매수해서 1년 후 1억 3,000만 원에 매도했다. 수익률은 30퍼센트, 앞선 삼성전자 투자 수익률 100퍼센트에는 훨씬 미치지 못하는 수익률이지만, 수익금은 3,000만 원으로 앞선 투자 수익금 100만 원보다 훨씬 크다. 적은 금액으로 투자하여 높은 수익률을 기록하는 것은 의미가 없다. 투자 금액을 키워 큰 시드머니로 투자하면 수익률은 적더라도 더 많은 수익금을 남길 수 있다는 것에 주목해야 한다.

싸게 사서 비싸게 팔아야 한다는 대전제 아래에서 주식 거래가 이루어져야 한다. 주식을 '싸게 사서 비싸게 팔아' 수익을 극대화하길 바란다. 높은 수수료가 부과되고 내 의지와 상관없이 수익 또는 손실이 날수도 있는 펀드나 연금 같은 간접 투자 상품보다는 스스로 종목을 선정하고 매매해서 자신의 선택과 결단에 따라 이익과 손실을 책임지는 투자 경험을 해봤으면 좋겠다.

Chapter 1

주식투자도 준비가 필요하다

투자를 시작하려면
이것부터 제대로 익혀야 한다

 주식투자하기 전에 알아야 하는 내용들은 무엇인가요?

책이나 영상을 통해 주식투자에 익숙해질 필요가 있습니다. 투자의 장단점, 투자에 따른 위험을 살펴보고 투자가 나에게 적합한지, 나의 투자 성향은 보수적인지 공격적인지도 자문해보는 것이 좋습니다. 그렇게 주식 거래에 필요한 기본적인 내용을 익히고서 투자를 시작하면 효율적인 투자에 가까워질 수 있습니다.

'얼마를 가지고 있어야 주식투자를 시작할 수 있나요?', '분명히 주식을 매수했는데 잔고가 그대로 남아있어요! 잘못한 것 같아요', '주식 종목은 보통 몇 개를 보유하나요?' 주식투자를 하려고 봤더니 시작부터 난관이더라며 초보 투자자들 대부분이 이러한 질문을 해온다. 주식투자를 하기 전 주식 거래에 필요한 최소한의 내용들을 공부한 후에 거래를 시작하기를 권한다. 아무런 준비 없이 시작하기에는 잃을 것이 너무나도 크기 때문이다.

코스피KOSPI와 코스닥KOSDAQ의 차이는?

시장에서 필요한 물건을 사고파는 것처럼 주식도 거래할 수 있는 시장이 필요하다. 우리나라 증권시장은 좁은 의미에서 유가증권시장과 코스닥 시장으로 나눌 수 있다. 유가증권시장(코스피 마켓)은 우리나라 대표 주식시장으로 대형 우량 기업의 주식이 상장되어 있다. 유가증권시장에 상장하려면 여러 요건을 충족시켜야 하는데, 특히 자기자본 300억 원 이상, 3년 이상의 영업활동이 필수로 요구된다. 코스피는 본래 국내 종합주가지수를 나타내는 말이었지만, 의미가 확장되어 유가증권시장 자체를 코스피라 지칭하기도 한다. 코스피는 증권거래소에 상장된 종목의 주식 가격을 종합적으로 표시한 수치이다. 우리나라의 경제 상황을 파악할 수 있는 지표로도 이용된다.

코스닥은 미국의 나스닥NASDAQ과 유사한 기능을 하는 중소기업, 벤처 기업의 주식 거래를 위한 증권시장이다. 증권거래소 같이 특정한 거래 장소가 없어서 전자거래만 가능하다. 주식 계좌가 있으면 코스피 시장, 코스닥 시장에 관계없이 거래할 수 있다.

주식의 최소 매매 단위는 '1주'

시장에서 기업의 가치에 차이가 있는 것처럼 기업의 주식가격도 천차

만별인데 어떻게 거래가 이루어질까? 이를 위해 거래소에서는 매매수량 단위를 정해놓았다. 매매수량 단위는 투자자가 주식을 주문할 수 있는 최소 단위의 수량을 말하는데, 모든 상장기업의 최소 매매수량 단위는 1주이다. 동전주(1,000원 미만의 주식, 반대는 지폐주)이든 지폐주이든 주식 가격에 상관없이 모두 1주 이상으로 매매한다.

매매할 때도 체결 원칙이 있다

주식을 매매할 때, 주문이 체결되는 원칙이 있다. 가격, 시간, 수량의 순서로 이루어진다. 주식 가격을 높게 부를수록 거래가 빨리 체결된다. 똑같은 가격의 주식을 여러 투자자가 원하는 경우에는 먼저 주문을 한 투자자에게 우선권을 준다. 똑같은 가격으로 똑같은 시간에 주문을 했다면 많은 수량을 주문한 투자자에게 우선권을 준다.

실제 결제는 매수하고 이틀 뒤!

우리나라 증권시장에서는 주식 매매에 '3일 결제제도(D+2)'를 적용하고 있다. 주식을 사거나 팔 때, 매매한 당일을 제외한 이틀 뒤에 실제로 돈이 오간다는 뜻이다. 매매 당일을 포함하면 3일 뒤에 실제로 돈이 움직인다.

주식은 왜 현금처럼 사용할 수 없을까? 주식을 현금으로 바꾸기 위한 환전 절차가 필요하기 때문이다. 현재 우리나라 주식 거래는 기업이 발행한 주식을 한국예탁결제원에 맡기고, 투자자는 각 증권사 계좌를 통해 주식 대금만 정산하는 대체 결제 방식으로 이루어지고 있다. 사고파는 것을 처리하는데 필요한 행정적인 시간을 3일로 정해두었다는 뜻인데, 이 방식은 증권 발행을 편리하게 하고, 발행비용은 줄이며 거래의 안정성을 높이는데 이바지하고 있다.

증거금이 필요한 이유

주식 계좌에 예탁금이 1,000만 원뿐인데 삼성전자 주식을 5,000만 원까지 매수할 수 있다고 한다. 이 주문은 어떻게 체결될 수 있었을까? '주식 증거금 제도'가 있기 때문에 가능하다. 쉽게 말해 미수금을 내어 가지고 있는 돈보다 더 많은 주식을 매수할 수 있는 제도를 말한다. 3일 결제 제도를 채택하고 있는 우리나라에서만 가능한 거래이다. 주식을 매수하고 다음다음날에 결제가 이루어지기 때문에 증거금은 주식 거래를 담보하기 위한 보증금의 성격도 가진다.

대부분의 주식 거래에는 40퍼센트의 증거금이 필요하다. 그러나 종목에 따라 별도로 증거금률이 지정되기도 한다. 예를 들면 삼성전자는 20퍼센트, 유한양행은 30퍼센트, 위세아이텍은 40퍼센트 이런 식이다.

가령 증거금률이 20퍼센트인 1주당 1,000만 원짜리 삼성전자 주식을 주식 증거금 제도를 통해 주문한다고 하자. 그러면 삼성전자 주가 1,000만 원의 20퍼센트 금액인 200만 원으로도 1,000만 원 짜리 삼성전자 주식을 주문할 수 있다. 내 돈 1,000만 원을 가지고 1주당 1,000만 원인 주식을 증거금률 20퍼센트 금액인 200만 원에 5주를 구매하였다(내 계좌에 예탁금이 1,000만 원이기 때문에 6주는 사지 못한다). 총 5주를 구매한 셈이니 결과적으로는 1,000만 원을 가지고 5,000만 원어치의 주식을 산 것이 된다.

그러나 기존의 주식 거래와 마찬가지로 매수하고 이틀 후에는 5,000만 원이 전부 결제되어야 하므로 거래가 완료되기 전까지 추가로 4,000만 원을 입금한다. 만약 입금을 하지 않으면 '미수금'이 발생한다. 나머지 금액이 입금되지 않으면 미수가 발생한 다음날 증권사는 내 의견을 묻지 않고 주식 4,000만 원어치를 팔아서 미수금을 복구한다. 이 거래를 '반대매매'라고 한다. 증거금 제도 같은 미수 매매는 가급적 하지 않는 것이 좋다.

상한가와 하한가는 정해져 있다

모든 투자자는 투자한 종목이 늘 상한가를 상회하기를 바라고, 하한가로 떨어지지 않기를 바란다. 주식 가격에서 상한가는 주가가 하루에 상승할 수 있는 최고 가격이고, 하한가는 주가가 하루에 하락할 수 있는 최저 가격이다. 우리나라 주식시장의 상·하한가 폭은 30퍼센트로 정해져 있다. 예를 들어 1만 원짜리 주식이라면 그날 가장 높게 오를 수 있는 상한가는 1만 3,000원이고, 가장 낮게 떨어질 수 있는 하한가는 7,000원이 된다. 상한가에서 하한가로 떨어지거나, 반대로 하한가에서 상한가로 오른다면 변동폭은 60퍼센트나 된다. 투자에서 변동성이 큰 종목은 그에 따른 위험도 피할 수 없다. 투자할 때 주의가 필요하다.

수익을 극대화하는 포트폴리오

포트폴리오란 주식투자를 할 때 위험도를 줄이고 투자 수익을 극대화하기 위해 여러 종목에 분산투자하는 방법을 뜻한다. 투자자의 투자 성향에 따라 자산을 구성하는 내용이 달라진다. 예를 들면, 수익 극대화를 추구하는 투자자는 1~2개의 종목에 집중투자를 하고, 위험(리스크) 회피를 추구하는 투자자는 3~4개의 종목에 분산투자를 하는 것이다. 주식 초보자는 위험도를 낮추기 위해서 3~4개의 종목으로 분산투자하는 것이 좋다. 특히 투자금액이 클수록 분산투자에 대해 더 깊이 고민해야 한다.

이제 주식투자를
시작해보자

 주식투자를 하려면 가장 먼저 무엇을 해야 할까요?

주식계좌를 만들어야 합니다. 신분증을 가지고 증권사 지점에 가서 계좌를 만들어도 되고, 은행에서 만들 수도 있습니다. 스마트폰으로 이용하려면 플레이스토어나 앱스토어에서 증권사 애플리케이션을 내려받아서 비대면으로 계좌를 개설해도 됩니다. 어떤 증권사 계좌를 만들지는 주식 매매 수수료, 정보력 등을 감안해서 선택합니다.

어떤 증권사를 선택해야 할까?

증권사를 정하는 데는 기준이 있다. 첫째는 '거래 수수료'다. 실제로 주식투자자들 대부분은 거래 수수료가 가장 저렴한 증권사로 정한다. 특히 하루에 여러 번 매매가 발생하는 데이트레이더들에게 수수료는 중요한 부분이다. 개인투자자가 자주 사고판다면 수수료가 증권사를 결정하는 우선적인 기준이 될 수 있다. 수수료는 증권사마다 다르다. 또, MTS^{Mobile Trading System}, HTS^{Home Trading System}인지에 따라 다르게 적용되기도 한다. 오프라인으로 하는 매매가 가장 비싸므로 수수료를 절약하려면 MTS로 매매하는 것을 추천한다. MTS는 언제 어디서든지 가장 간편하고 편리하게 매매를 할 수 있다는 강점이 있다. 수수료는 매수할 때와 매도할 때 각각 요구된다. 키움증권은 거래금액의 0.03퍼센트, 삼성증권은 0.077퍼센트의 거래 수수료가 발생한다. 국내 증권사 중에 수수료가 가장 저렴한 증권사는 키움증권이다.

주식 거래에서 발생하는 수수료는 주식의 매매 수수료와 기관 수수료, 증권거래세(매도할 때만)가 합쳐진 금액이다. 주식 매매 수수료는 증권사에 지불하고, 기관 수수료는 한국거래소와 한국예탁결제원에 지불한다. 그리고 증권거래세는 국가에 납부한다.

둘째는 '편리성'이다. 지점을 자주 방문할 거라면, 지점수가 많은 증권사를 선택하는 것이 좋다. 그러나 요즈음은 대부분의 주식 매매를 스마트폰으로 이용하기 때문에 사용할 모바일 애플리케이션이 매수·매도에 편리한 구성으로 되어있는지를 확인한다. 여러 증권사의 애플리케이션 화면을 보면 그중에 자신에게 더 편하게 느껴지는 것이 분명 있다. 필자의 경우 삼성증권을 선택했다. 많은 정보를 볼 수 있으며 이용하기에도 편리했다. 수수료도 차이를 크게 느낄 수 없었기 때문이다.

앞서 말한대로 매도할 때는 수수료 외에 자료 1-1처럼 증권거래세가 같이 지출된다. 주식을 팔 때만 부과되는 세금이다. 증권거래세를 부과

구분	2021-2022년	2023년
코스피	0.08%	없다
코스닥	0.23%	0.15%

하는 목적은 단기 투자 위주의 투기를 방지하기 위해서이다. 수익에 상관없이 매도할 때마다 내야 하므로 장기 투자를 의도한다고 볼 수 있다. 증권거래세는 주식시장에 따라 차이가 있다.

Mentor's Strategy! 증권사의 거래수수료 확인하기

각 증권사별 거래 수수료는 금융투자협회http://www.kofia.or.kr 홈페이지에서 확인할 수 있다.

자료 1-2의 화면에서 금융투자협회 중 '전자공시시스템 배너'를 클릭하면 금융투자협회 전자공시서비스 사이트가 나온다.

금융투자협회 전자공시서비스 페이지 상단에 '금융투자회사공시'를 클릭하면 자료 1-4의 하단에서의 내용처럼 '금융투자회사 수수료 비교'를 볼 수 있다.

'금융투자회사 수수료 비교' 중 '주식거래 수수료'를 클릭하면 '증권업 전체 수수료부과기준'과 수수료를 확인할 수 있다.

각 증권사별 금융투자회사 수수료 비교 중 '주식거래 수수료'를 클릭한

자료 1-2 금융투자협회

자료 1-3 금융투자협회 전자공시서비스

자료 1-4 **금융투자협회 전자공시서비스 - 금융투자회사 수수료 비교**

다. 엑셀 파일로 각 증권사의 수수료를 다운받아서 확인할 수도 있다. 궁금한 점이 생겼다면 증권사 홈페이지를 이용하거나 증권사 고객센터로

자료 1-5 **주식거래 수수료**

연락한다. 계좌개설 전에 수수료를 알아두는 것이 핵심이다.

계좌를 개설하는 방법

국내 증권사는 키움증권, 삼성증권, 한국투자증권, KB증권, NH투자증권, 신한금융투자, 대신증권, 하나금융투자, 미래에셋대우 등이 있다. 증권사를 선택했다면, 이제 증권사 계좌를 개설해야 한다.

주식계좌는 개인 명의나 법인 명의로 개설할 수 있다.

증권사 지점으로 가기

대면 계좌개설은 증권사 지점에 방문하여 계좌를 개설하는 방법이다. 필자도 삼성증권 여의도 지점에 가서 만들었던 기억이 난다. 지점에 방문할 때는 반드시 신분증을 지참해야 한다. 계좌가 생성되면 돈을 입금하고 나서 바로 주식을 매수할 수 있다.

현재 거주지 근처에 증권사 지점이 없다면 은행에서 증권사 연결 계좌를 개설하는 방법도 있다. 그러나 각 은행에서 모든 증권사의 계좌를 만들 수 있는 것은 아니므로 방문하기 전에 전화로 확인하는 것이 좋다.

본인이 직접 계좌를 개설할 수도 있고, 대리인이 계좌를 개설할 수도 있다. 먼저 증권사 사이트에서 증권사 지점 위치와 연락처를 확인하고 방문한다. 이때 집이나 사무실에서 가까운 지점을 지정하는 것이 편하다. 계좌를 개설하면 증권사에서 지급하는 증권사 카드와 보안카드를 잘 보관한다. 이후에 HTS를 설치하고, 스마트폰에 MTS 애플리케이션을 설치하여 주식을 사고팔 수 있다.

자료 1-6 삼성증권 지점 계좌개설

지점 계좌개설

지점 계좌개설 절차

01 Step **구비서류확인**
구비서류(본인일 경우 신분증과 도장)를 지참하시면 계좌개설이 가능합니다.

02 Step **지점 방문**
계좌개설에 필요한 구비서류를 가지고 삼성증권 지점을 방문해 주시기 바랍니다.

03 Step **계좌개설**
계좌개설 신청서 및 계좌개설 필요서류를 작성하여 계좌를 개설합니다.
계좌개설 후 온라인 거래를 위하여, 삼성증권 홈페이지에서 공동인증서 발급 또는 등록하시기 바랍니다.

구비서류 안내
개인계좌 개설

구분		필요서류
본인		· 실명확인증표: 주민등록증, 운전면허증, 여권 · 거래도장 또는 서명
대리인	미성년자	· 가족관계 입증서류 : 가족관계증명서 · 법정대리인의 실명확인증표 · 거래도장 ※ 가족관계증명서 : 주민등록번호 전부 표기(주민등록등본, 초본, 건강보험증 등 사용불가)
	가족 및 기타대리인	· 본인 실명확인증표 : 주민등록증, 운전면허증, 여권 · 대리인 실명확인증표 : 주민등록증, 운전면허증, 여권 · 본인의 인감증명서(금융기관 계좌개설용) · 위임장(본인작성, 인감증명서상의 인감날인) · 거래도장 ※ 가족의 범위는 배우자 및 직계존비속(배우자 부모포함)으로 제한
	추가 서비스	· 본인 및 대리인 실명확인 증표: 주민등록증, 운전면허증, 여권 · 본인 인감증명서 또는 본인서명사실 확인서 · 거래도장 또는 서명

자료 1-7 삼성증권 지점안내

꼭 증권사 지점을 가지 않아도 된다

만약 삼성증권에서 계좌를 개설한다면 삼성증권 홈페이지에서 비대면으로 계좌를 개설할 수 있다. 개설 후에는 플레이스토어나 앱스토어에서 '삼성증권 mPOP' 애플리케이션을 설치하여 실행한다.

삼성증권 홈페이지www.samsungpop.com에 들어간다.

자료 1-8 삼성증권 홈페이지

'삼성증권 시작하기' 배너를 클릭해서 절차를 확인한 다음 '비대면 계
좌개설' 배너를 클릭한다. 그런 다음 순서에 따라 진행하면 어렵지 않게
계좌를 개설할 수 있다. ① 본인확인, ② 신분증확인, ③ 계좌정보입력,
④ 타금융기관 본인계좌확인, ⑤ 계좌개설 완료순으로 진행된다.

PC로 거래하는 방법

PC에 프로그램을 설치하여 주식 매매를 하는 HTS는 각 증권사 홈페이지에서 프로그램을 다운로드할 수 있다. 집이나 사무실에서 주식 매매를 할 때 가장 많이 사용하는 것이 바로 HTS다. 증권사 창구를 통한 매매보다 수수료도 저렴하다는 장점이 있다. 각 증권사의 HTS 프로그램에는 주식투자와 관련된 다양하고 유용한 정보가 많다.

자료 1-9 삼성증권 HTS엘비세미콘

스마트폰으로 거래하는 방법

스마트폰 기기를 통한 주식 거래 방식인 MTS는 스마트폰에 애플리케이션을 다운로드하여 사용한다. 필자는 주식 매매의 99.9퍼센트를 MTS를 통해 한다. 종목에 대한 정보 또한 MTS에서 가장 많이 얻는다. 관심 종목을 MTS에 담아두고, 시간 날 때마다 모바일을 통해 다른 종목을 발굴하고 선정한다.

자료 1-10 삼성증권 MTS DB하이텍

이 화면은 삼성증권 MTS의 DB하이텍 호가 및 매수 화면이다.

호가 화면 (왼쪽)

DB하이텍
61,900 ▲ 5,700 7,038,777주 10.14%
000990 KOSPI 전기/전자 신45 | 증30

호가 | 차트 | 투자자 | 거래원 | 뉴스

매도수량	호가	등락률		항목	값
6,038	62,400	11.03%		기준	56,200
4,819	62,300	10.85%		시가	55,700 -0.89%
5,427	62,200	10.68%		고가	63,900 13.70%
6,175	62,100	10.50%		저가	55,000 -2.14%
20,314	62,000	10.32%		상한	73,000
6,571	61,900	10.14%		하한	39,400
				상VI	67,100
				하VI	54,900

		호가	등락률	매수수량
61,900	30,500	61,800	9.96%	2,893
61,900	11	61,700	9.79%	2,606
61,900	1			
61,900	100	61,600	9.61%	1,317
61,900	403			
61,900	2	61,500	9.43%	1,495
61,900	300			
61,900	1	61,400	9.25%	3,941
61,900	16			
61,900	1	61,300	9.07%	2,880
61,900	10			
61,900	20			
88,395		정규장		35,199

KOSPI 3,125.95 ▼ 22.50 (0.71%) 장마감

매수 화면 (오른쪽)

DB하이텍   예수금 | 이체
61,900 ▲ 5,700 7,038,777주 10.14%
000990 KOSPI 전기/전자 신45 | 증30

비밀번호 🔒

매수 | 매도 | 정정/취소 | 잔고 | 미체결

호가	수량
11.03%	
62,300 10.85%	4,819
62,200 10.68%	5,427
62,100 10.50%	6,175
62,000 10.32%	20,314
61,900 10.14%	6,571 -10
61,800 9.96%	2,893
61,700 9.79%	2,606
61,600 9.61%	1,317
61,500 9.43%	1,495
61,400 9.25%	3,941
61,300	2,880

현금 | 신용
구분 | 보통
수량 | 가능
단가 | ✓ 시장
금액

체결 현금매수

Mentor's Advice

주식투자를 할 때

"여유자금과 여유시간은 필수다!"

주식은 반드시 여유시간을 가져야 한다. 모든 재테크는 시간과의 싸움이다. 일단 시간과의 싸움에서 이길 수 없다면 재테크는 백전백패다. 이 원칙은 주식 투자를 할 때도 예외가 없다. 여유시간을 먼저 확보해야 한다. 과거에 필자는 1,000만 원이 있으면 그 돈을 증거금 40퍼센트로 잡아 2,500만 원어치 주식을 사고 3일에

승부를 걸었다. 100전 95패 했다. 이런 거래는 절대 해서는 안 된다. 주식은 내 마음 같지 않다. 최악의 경우에도 버틸 수 있도록 여유자금으로 주식을 매수해야 한다. 그리고 기다릴 수 있어야 한다.

분산투자와 집중투자

수익도 중요하지만 손실이 없어야 한다. 이기는 주식투자도 중요하지만 지지 않는 주식투자는 더욱 중요하다. 필자는 포트폴리오 구성, 즉 분산투자를 잘하지 못한다. 그래서 분산투자 대신 제1계좌, 제2계좌, 제3계좌로 계좌를 나누어서 운용한다. 이를테면 각각의 계좌에 5,000만 원씩 종잣돈을 넣어두고 한 계좌당 하나의 종목으로 집중투자하는 식이다. 리스크를 회피하기보다는 수익률을 극대화하기 위한 방안이라 생각하는 편이 쉽다. 20개의 종목으로 분산투자한다고 했을 때, 10개 종목이 상승하고 10개 종목이 하락하면 리스크를 회피할 수는 있어도 수익을 극대화하기는 어렵기 때문이다.

1억 원 이하의 종잣돈은 2~3종목으로 분산투자를 하며 적당하다. 다만 매수할 종목을 최선을 다해서 잘 골라야 한다. 필자는 수익이 나면 수익 난 금액은 제4의 예금계좌로 이동시켜 다른 재테크를 고민한다. 빌딩 부자가 되기 위해서 최선을 다하고 있다.

Chapter 2

초보자도 제대로 종목을 선정하는 9가지 단계

유망한 업종과
종목을 선택하라
1단계

Q 유망업종과 유망종목을 판단하는 기준이 있나요?

A 예를 들어보겠습니다. 탄소중립 목표 전략 중 하나로 2030년 이후부터는 내연기관차 대신 전기차와 수소차시대가 도래할 것이라 하지요. 전기차 업종과 수소차 업종에서 큰 도약이 이루어질 것입니다. 따라서 전기차 생산 기업, 수소차 생산 기업, 전기차에 필수 요소인 양질의 배터리를 만드는 기업 등의 성장을 기대할 수 있습니다. 이렇게 가까운 미래에 많은 사람이 이용하면서 사업이 신장할 가능성이 있어야 유망업종과 유망종목이라 할 수 있습니다.

우리가 종목을 선정하고 매수할 때 다양한 시각에서 판단이 필요하다. 종목의 실적과 재무상태, 기관투자가와 외국인의 수급, 기술적 분석까지 말이다. 이때 간과해서는 안 되는 한 가지가 있다. 회사 사업 내용이

유망업종에 속하는지 여부다. 신성장업종에 대한 투자는 수익과 곧바로 직결된다. 트렌디한 사업을 영위하는 회사는 그렇지 않은 회사보다 큰 규모의 성장을 기대할 수 있다. 기업의 경영 내용 향상은 주가에도 긍정적이므로 장래성을 지닌 유망업종을 선택하는 것이 투자에 유리하다.

어떤 회사인지부터 공부하자

만도Mando

선정할 종목의 정보를 꼼꼼히 파악하려면 우선 기업의 공식 사이트에서 정보를 찾는 것이 좋다. 예를 들어 기업 '만도'에 투자하고자 할 때는 기업 홈페이지의 각 카테고리 내용을 통해 기업의 성격을 확인할 수 있다.

홈페이지 방문하기

'회사소개'에서는 회사개요나 비전, 사업장 위치 정보를 본다. 'R&D' 항목에서는 R&D소개, 제품·기술 소개를 통해 기업이 현재 진행하는 연구개발 내용을 확인할 수 있다. '투자정보'의 기업지배구조, 재무정보, 주가정보를 살펴봄으로써 기업의 재무상태를 알 수 있다. '미디어센터' 세부 항목인 뉴스룸, 만도소식 페이지에 업로드된 자료로 기업과 관련한 최신 소식을 확인한다. 만도는 우수한 자율주행 기술력을 가진 매출액 6조 원의 자동차 부품 제조 회사라는 정보를 확인하였다.

금감원 전자공시시스템에서 확인하기

주식을 매수하려는 회사의 비전, 시장 위치와 점유율, 거래처 등을 가장 정확하게 알 수 있는 자료들은 금융감독원(이하 금감원) 전자공시시스템에 있다. 정기보고서 중 '사업의 내용'은 종목을 발굴하고 선정할 때 잊지 말고 확인해야 하는 부분이다.

분기보고서의 '사업의 내용'에서 종목의 매수 여부를 고려할 때 짚어볼 사항은 다음과 같다. ① 사업의 개요, ② 주요 제품, ③ 주요 원재료, ④ 생산 및 설비, ⑤ 매출, ⑥ 수주상황, ⑦ 시장위험과 위험관리, ⑧ 파생상품 거래현황, ⑨ 경영상의 주요계약, ⑩ 연구개발활동, ⑪ 그밖의 투자의사결정에 필요한 사항, 이렇게 11가지를 통해 선정 기업의 사업 내용

자료 2-2 만도의 분기보고서 중 사업의 내용

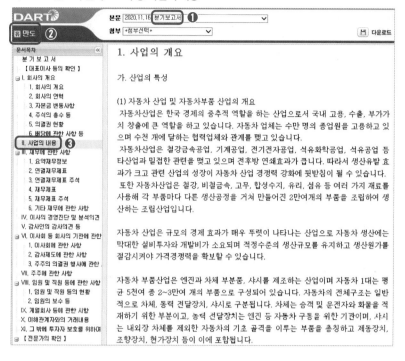

을 전반적으로 파악하는 것이 중요하다.

와이아이케이YIK

홈페이지 방문하기

홈페이지의 각 카테고리 중 'About' 항목의 회사개요나 회사연혁, 'Product' 항목의 생산품, 'R&D'에서 연구개발, 인증서 내용을 확인한다. '사이버홍보실'의 기업 최신 뉴스를 통해서 와이아이케이가 업계에서 구축한 현재 위치를 파악할 수 있다. 앞선 정보를 종합하여, 와이아이

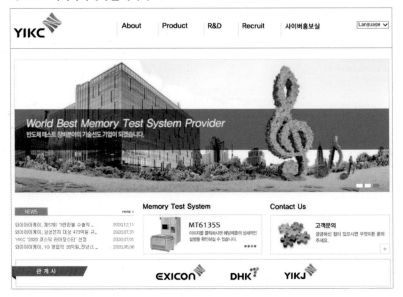

케이는 반도체 메모리 웨이퍼 테스트 장비 회사로 2020 코스닥 라이징스타로 선정된 것을 확인하였다.

금감원 전자공시시스템에서 확인하기

금감원 전자공시시스템에서 분기보고서의 '사업의 내용' 중 ① 사업의 개요, ② 주요 제품, 서비스 등, ③ 주요 원재료, ④ 생산 및 설비, ⑤ 매출, ⑥ 수주상황, ⑦ 시장위험과 위험관리, ⑧ 파생상품 및 풋백옵션 등 거래현황, ⑨ 경영상의 주요계약, ⑩ 연구개발활동, ⑪ 그밖의 투자의사 결정에 필요한 사항을 통해 선정 기업의 사업 내용을 전반적으로 파악해본다.

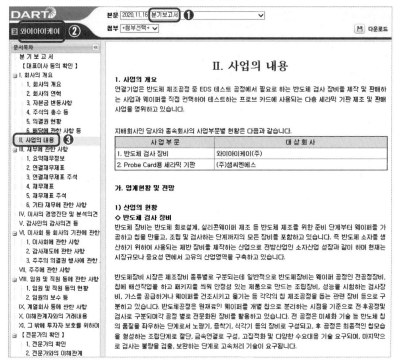

유망한 업종과 종목을 찾으려면 3가지를 기억한다

한국IR협의회 http://kirs.or.kr

성장성 기대 종목을 볼 수 있는 산업분석보고서

한국IR협의회의 산업분석보고서는 정부의 산업 육성 정책에 따라 성장이 기대되고, 투자자의 관심이 높은 종목을 뽑아 분석한 보고서다. 보고서 내용 중에서 '혁신성장품목'이 곧 유망종목이라 볼 수 있다. 각 산업

분석 보고서는 '배경기술분석', '심층기술분석', '산업동향분석', '주요기업분석'으로 이루어져 있다. 산업분석보고서에서 중요하게 봐야할 점은

자료 2-6 기술분석보고서 중 산업분석보고서

종목의 현재 시장규모와 미래 시장규모가 어떻게 변화할지에 대한 내용이다. 추후 시장규모가 점진적으로 확대될 가능성이 있다면 유망한 종목이라고 보는 것이 타당하다.

충분한 종목 정보를 제공하는 기업분석보고서

기업분석보고서는 코스닥 기업의 투자 정보를 늘리고 충실한 정보를 제공하기 위한 목적으로 발간된 보고서다. 코스닥 기업에 관한 '기업현황', '시장동향', '기술분석', '재무분석', '주요 변동사항 및 전망' 등의 내용을 담고 있다.

자료 2-7 기술분석보고서 중 기업분석보고서

기업의 자기소개서, IR자료

기업설명회 자료 카테고리에는 각 기업의 기업설명회, 즉 IR^{Investor}

Relations자료를 제공하고 있다. IR자료는 한국거래소 전자공시에서도 볼 수 있다. 경험상 IR자료를 자주 업데이트하는 기업의 주가가 추후 상승할 확률도 높았다. IR자료를 통해 기업이 어떤 사업을 진행하는지, 또는 기업의 성장성과 비전은 어떠한지를 확인하여 투자에 참고한다.

자료 2-8 기업설명회

네이버금융https://finance.naver.com

네이버금융 리서치 항목의 산업분석 리포트 등을 통해서 유망한 섹터 등을 확인할 수 있다.

자료 2-9 네이버금융

여러 보고서를 한데 모은 리서치

네이버금융의 리서치 항목에서는 '종목분석 리포트', '산업분석 리포트', '시황정보 리포트', '투자정보 리포트'를 살펴본다.

| 금융 홈 | 국내증시 | 해외증시 | 시장지표 | 펀드 | 리서치 | 뉴스 | MY |

리서치

- ꞏ시황정보 리포트
- ꞏ투자정보 리포트
- ꞏ종목분석 리포트
- ꞏ산업분석 리포트
- ꞏ경제분석 리포트
- ꞏ채권분석 리포트

[KRX 전자공시]
[상장법인 지분정보]
아크로뱃 다운로드

종목분석 리포트   ▸더보기

기업	제목	증권사	첨부	작성일
지어소프트	변함없는 라이징 스타	미래에셋대우	📄	21.03.17
카카오	비트코인 열풍 최대 수혜주는 카카오	미래에셋대우	📄	21.03.17
코오롱플라..	올해 1분기 영업이익, 작년 대비 321.3% 증가 전망	키움증권	📄	21.03.17
롯데정밀화..	롯데그룹 스페셜티 수소 사업의 시작점이 될 수 있다	키움증권	📄	21.03.17
SKC	상반기는 화학, 하반기는 동박	키움증권	📄	21.03.17
DGB금융지..	건전성 개선으로 충당금 추가 감소 효과 예상	하나금융투자	📄	21.03.17

산업분석 리포트   ▸더보기

산업	제목	증권사	첨부	작성일
인터넷포탈	중국 대형 플랫폼, 반독점 등 규제 우려 확대	미래에셋대우	📄	21.03.17
유통	신세계그룹, 네이버와 지분 교환 결정	미래에셋대우	📄	21.03.17
유틸리티	전기요금 정상화를 앞당길 지난 겨울 한파	하나금융투자	📄	21.03.17
자동차	폭스바겐 배터리 전략의 시사점	하나금융투자	📄	21.03.17
석유화학	NB Latex, 중요한 변화가 포착되고 있다	하나금융투자	📄	21.03.17
보험	실손보험, 이러다가 천지사방 다 태울라	DB금융투자	📄	21.03.17

시황정보 리포트   ▸더보기

제목	증권사	첨부	작성일
교보박스 브리핑	교보증권	📄	21.03.17
[Start with IBKS]KOSPI는 FOMC를	IBK투자증권	📄	21.03.17
美 다우산업 지수는...	유안타증권	📄	21.03.17
교보박스 브리핑	교보증권	📄	21.03.16
[Start with IBKS]KOSPI는 미 국채 금리	IBK투자증권	📄	21.03.16
美 다우산업 지수는...	유안타증권	📄	21.03.16

투자정보 리포트   ▸더보기

제목	증권사	첨부	작성일
달러, FOMC 앞두고 강보합	키움증권	📄	21.03.17
미 증시 가치주 중심으로 매물 출회 되며 혼조	키움증권	📄	21.03.17

한경컨센서스 http://consensus.hankyung.com

한경컨센서스는 국내 증권사 애널리스트들이 제공하는 기업분석보고서에 대한 정보를 찾을 수 있는 사이트이다. 증권사 애널리스트들이 직접 기업을 탐방하고 확인한 내용이나 업계 실황을 분석하여 정리한 것을 제공하기 때문에 신뢰할 수 있다. 주식 종목을 발굴할 때 특히

'CONCENSUS컨센서스 상향' 항목에 포함되었다면 매수를 고려한다. 반면에 보유종목이 'CONCENSUS 하향' 항목에 포함되었다면 매도를 고려하는 것이 좋다.

실적을 반드시
확인할 것
2단계

 '실적이 좋은' 주식이란 무엇일까요? 그리고 실적은 어디서 확인하나요?

 '실적이 좋다'는 것은 매출액, 영업이익, 당기순이익이 증가한다는 의미입니다. 매출액의 증가는 기업의 영업력이 우수하다는 뜻이기도 합니다. 영업이익 증가와 당기순이익 증가 여부도 같이 판단합니다. 상장기업의 실적은 대표적으로 '금감원 전자공시시스템 정기보고서'에서 확인할 수 있습니다. 정기보고서 중 연결재무제표(또는 재무제표)의 손익계산서를 봅니다. 네이버 금융과 각 증권사 HTS, MTS에서도 찾을 수 있습니다.

종목 선정에서 가장 중요한 포인트는 바로 실적을 확인하는 것이다. 좋은 실적을 가지고 있다는 것 하나만으로도 그 종목을 믿고 매수할 이유는 충분하다. 종목 선정에서 반드시 기억해야 하는 것은 첫째도 실적,

둘째도 실적, 셋째도 실적, 실적이다!

경제 기사나 주식 관련 정보를 찾을 때 '실적이 좋다'는 말을 흔하게 접할 수 있다. 이 말은 투자를 검토할 때도 쓰인다. 그러면 좋은 실적이란 구체적으로 무엇을 말하는 것일까? 기업의 ① 매출액, ② 영업이익, ③ 당기순이익 이렇게 세 가지 항목이 증가하는 것을 보면 기업의 실적이 좋다고 판단한다. 모든 조건을 충족하는 회사라면 투자할 때 안심해도 좋다.

적어도 '3년'간의 매출액과 영업이익 그리고 당기순이익의 추이를 살펴본다. 1~2년 반짝 실적이 좋다가 나빠지는 기업은 흔하다. 최소한 3년 이상 좋은 실적이 유지된다면 특별한 악재가 없는 한 실적이 계속 상승할 것이다. 실적과 주가는 밀접한 상관관계가 있다. 실적이 좋으면 주가는 상승하고 실적이 나쁘면 주가는 하락하는 경우가 매우 잦다. 그러므로 실적이 좋은 주식을 매수한다는 원칙부터 세워야 한다. 그래야 수익이 나고, 투자도 길게 이어갈 수 있다.

기업 안팎에서 벌어지는 돈의 흐름을 알자

주식을 고를 때는 기업에 대한 기본적 분석이 필요하다. 기본적 분석이란 기업의 재무상태나 기업을 둘러싼 경제 상황을 분석하여 주가를 예상하는 것이다. 기본적 분석은 기업의 재무상태를 바탕으로 이루어진다고 말해도 무리가 없다. 기업의 재무상태는 정기보고서의 재무제표에서 파악할 수 있다.

재무제표는 일정 회계 기간(보통 1년)에 기업 활동으로 발생한 금전 결과를 요약해놓은 보고서이다. 재무제표 안에는 여러 종류의 보고서가 있어서 기업 안팎에서 벌어지는 돈의 흐름을 살펴볼 수 있다. 주식 종목을 선정할 때는 일정 기간의 이익(손익계산서)과 특정 시점의 자산(재무상태표)을 말해주는 보고서만 중점적으로 살펴볼 것이다.

실적을 확인하려면 정기보고서(분기/반기/사업보고서)의 연결재무제표(또는 재무제표) 중 손익계산서를 본다. 손익계산서의 매출액, 영업이익, 당기순이익을 통해 일정 기간에 기업에서 발생한 이익과 손실에 대한 기록을 확인할 수 있다. 쉽게 말해 회사가 돈을 얼마만큼 벌었는지를 알 수 있다.

상장기업일수록 매출액의 크기도 중요하고 매출액의 증가도 중요하다. '매출액'은 기업의 주 영업활동으로 얻은 총 수익이다. 상품을 판매하거나 서비스를 제공하고 얻은 대가이다. 매출액이 증가한다는 것은 시장에서 그 회사의 상품이 인기를 얻고 있다는 뜻이고, 매출액이 감소한다는 것은 시장에서 그 회사의 상품이 대중의 관심에서 벗어났다는 의미이다. 매출액 증가는 주가에 긍정적인 신호다. 매출액 감소는 주가에 부정적인 신호다. 따라서 매출액은 매년 조금씩이라도 상승하는 회사가 좋다.

'영업이익'도 매출액만큼 중요하다. 영업이익은 매출액에서 상품을 만들 때의 원가, 일반관리비, 판매비용을 뺀 나머지를 말한다. 기업의 본업, 즉 영업으로만 벌어들인 이익을 말한다. 기업 운영에서 영업이익이 소폭 감소하는 일은 있을 수 있겠지만 대폭 감소하거나 적자 전환 상태라면 그런 주식은 매수해서는 안 된다. 보유하고 있다면 단기적으로 매도한다.

'당기순이익'은 기업이 일정 회계 기간에 얻은 순이익, 1년 성과에 대한 성적표이다. 당기순이익은 세전税前 이익이 아니라 세후税後 이익이기 때문에 중요하다. 식장인에게 세전 연봉보다 세후 연봉이 더 중요한 것과 같다. 순수한 이익으로 기업이 자금을 얼마나 여유롭게 확보하고 있는지 확인할 수 있는 지표로 사용한다. 영업이익은 증가했지만 회사가 부동산 투자나 채권투자 또는 다른 회사에 투자해서 손실을 보는 등 딴짓(?)을 하면 당기순손실이 날 수 있다. 그러면 주가에는 부정적이다. 반면에 회사의 딴짓으로 수익을 보아 영업이익 대비 당기순이익이 상승하는 경우도 있다. 이럴 때 주가에는 긍정적이다.

투자하기 좋은 기업은 매출액도 증가하고, 영업이익도 증가하고, 당기순이익도 증가하는 곳이다. 그런 주식을 관심 종목에 담아두고 매수 여부를 판단하자.

Mentor's Tip!

YoY: 전년 대비 증감률

QoQ: 직전 분기 대비 증감률

'YoYYear on Year'란 전년 대비 증감률을 의미한다. 작년과 올해의 같은 기간을 비교한다. 'QoQQuarter on Quarter'란 직전 분기 대비 증감률이며 바로 전前 분기와 현재 분기를 비교한다.

예를 들어 카카오의 올해 3분기 매출액의 YoY가 플러스(+)라면 작년 3분기 매출액보다 증가했다는 것이고, YoY가 마이너스(-)라면 작년 3분기 매출액보다 감소했다는 것이다. 2020년 3분기 매출액이 1,000억 원이고 2021년 3분기 매출액이 1,100억 원이라면 'YoY=+10%', 올해 3분기 매출액이 작년 3분기보다 10퍼센트 증가했다고 해석할 수 있다.

포스코 ICT의 3분기 영업이익의 QoQ가 플러스(+)라면 직전 분기인 2분기보다 영업이익이 증가했다는 것이고, QoQ가 마이너스(-)라면 직전 분기인 2분기보다 영업이익이 감소했다는 것이다. 2020년 2분기 영업이익이 100억 원이고 2020년 3분기 영업이익이 110억 원이라면 'QoQ=+10%'. 즉 3분기 영업이익이 직전 분기인 2분기 영업이익보다 10퍼센트 증가했다고 해석할 수 있다.

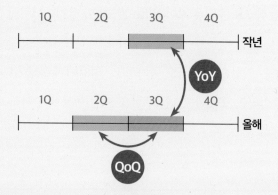

YoY를 측정치로 사용하는 이유는 계절적 요인을 피하기 위해서이다. 계절의 특성이 실적에 영향을 미치기 때문이다. 아이스크림, 선풍기, 에어컨처럼 여름에 실적이 좋거나 온풍기, 난로, 온수매트처럼 겨울에 실적이 좋은 종목은 모두 계절의 영향을 피할 수 없다.

요즘 들어 특히 빙그레의 실적이 궁금하다. 빙그레는 유제품과 아이스크림을 생산하는 업체이니 '여름' 매출이 반영될 3분기 실적이 가장 좋을 것 같다. 앞의 설명에 따라 빙그레의 3분기 실적을 작년 3분기와 비교하는 것이 타당해 보인다. 직전 분기인 2분기랑 비교하는 것은 합리적이지 않다. 왜냐하면 2분기는 봄이라 여름보다는 매출액이 당연히 적을 것이기 때문이다. 이렇게 종목의 YoY와 QoQ를 판단하여 투자에 적용하는 것이 필요하다.

리노공업의 손익계산서 살펴보기

전자공시시스템-포괄손익계산서를 통해 리노공업을 판단해보자. 리노공업의 3분기 매출액은 전년 동기 대비 증가하였고, 누계액도 상승했음을 확인할 수 있다. 영업이익과 분기순이익도 전년 대비 커졌음을 알 수 있다. 실적이 개선되었다면 주가에도 긍정적으로 작용한다.

일반적으로 주식투자자들은 정리된 실적을 MTS(HTS)나 네이버금융에서 확인한다. 리노공업의 2018년과 2019년 전년 대비 매출액과 영업

자료 2-12 리노공업 전자공시시스템-포괄손익계산서

자료 2-13 리노공업 MTS-재무분석, 연간

	리노공업		매수	매도
기업개요	기업현황	재무분석		투자지표

리노공업 058470 | 반도체 | 업종PER 27.7

EPS 3,463 | BPS 19,775.7 | PER 42.8 | PBR 7.5

주재무제표 ⌄		연간	분기	차트보기

포괄손익계산서 (억원/%)

항목	2018/12	2019/12	전년대비
매출액	1,503.5	1,703.1	13.3%
매출원가	823.5	961.5	16.8%
판매비와관리비	104.5	100.1	-4.2%
영업이익	575.4	641.4	11.5%
당기순이익	486.4	527.9	8.5%
당기순이익(지배)	486.4	527.9	8.5%

자료 2-14 리노공업 MTS-재무분석, 분기

	리노공업		매수	매도
기업개요	기업현황	재무분석		투자지표

리노공업 058470 | 반도체 | 업종PER 27.7

EPS 3,463 | BPS 19,775.7 | PER 42.8 | PBR 7.5

주재무제표 ⌄		연간	분기	차트보기

포괄손익계산서 (억원/%)

항목	2020/06	2020/09	전분기대비
매출액	547.9	530.2	-3.2%
매출원가	310.1	294.9	-4.9%
판매비와관리비	28.5	30.9	8.2%
영업이익	209.3	204.5	-2.3%
당기순이익	159.7	146.0	-8.6%
당기순이익(지배)	159.7	146.0	-8.6%

이익, 당기순이익을 확인할 수 있고, 직전 분기와 비교할 수 있다.

네이버금융 기업실적분석을 통해서 본 리노공업의 2017~2020년까지 의 실적은 상당히 우수하다고 평가할 수 있다.

자료 2-15 리노공업 네이버금융-기업실적분석

기업실적분석

주요재무정보	최근 연간 실적				최근 분기 실적					
	2017.12	2018.12	2019.12	2020.12(E)	2019.09	2019.12	2020.03	2020.06	2020.09	2020.12(E)
	IFRS 별도	IFRS 별도	IFRS 별도	IFRS 별도	IFRS 별도	IFRS 별도	IFRS 별도	IFRS 별도	IFRS 별도	IFRS 별도
매출액(억원)	1,415	1,504	1,703	2,042	423	511	519	548	530	444
영업이익(억원)	492	575	641	788	158	198	199	209	205	174
당기순이익(억원)	404	486	528	590	142	135	176	160	146	109

주가와 실적은 비례한다. 실적이 좋으면 주가는 상승하고 실적이 나쁘 면 주가는 하락한다. 사상 최고의 실적은 곧 사상 최고의 주가를 의미한

다. 실적과 재무상태가 모두 좋다면 매수한다. 실적은 좋지만 재무상태가 좋지 않거나, 실적은 나쁜데 재무상태가 좋은 주식은 매수를 보류한다. 이후 실적이 개선된 후에 매수를 고려한다.

실적과 재무상태가 모두 나쁘다면 관심조차 두지 않는 것이 좋다. 투자하기 가장 좋은 종목은 실적과 재무상태 모두 양호한 기업이다. 이 원칙은 여러 번 강조하고 또 강조해도 부족함이 없다.

만도의 실적을 확인하는 방법

편리한 MTS

MTS 자료를 통해 만도의 연간 재무분석에서 2018년 내비 2019년 매출액과 영업이익 그리고 당기순이익이 모두 증가한 것을 볼 수 있다.

만도의 2020년 2분기와 3분기 재무분석을 보면 2분기는 영업이익, 당기순이익이 적자로 전환되었다가 3분기에 2분기 대비 매출액도 증가하고 영업이익과 당기순이익 모두 흑자 전환된 것을 확인할 수 있다. 보통 적자로 전환되기 전부터 주가는 하락하고, 흑자로 전환되기 전부터 주가는 상승한다.

자료 2-16 **만도 MTS-재무분석, 연간**

	Q 만도	≡i	매수	매도

| 기업개요 | 기업현황 | 재무분석 | 투자지표 |

만도 204320 | 운수장비 | 업종PER 18.9

EPS 2,354 | BPS 32,283.9 | PER 25.4 | PBR 1.9

| 주재무제표 ⌄ | | 연간 | 분기 | 차트보기 |

포괄손익계산서 (억원/%)

항목	‹ 2018/12	2019/12	전년대비 ›
매출액	56,648.3	59,818.8	5.6%
매출원가	49,404.8	51,477.6	4.2%
판매비와관리비	5,269.4	6,155.5	16.8%
영업이익	1,974.1	2,185.7	10.7%
당기순이익	1,129.3	1,182.4	4.7%
당기순이익(지배)	1,056.6	1,105.2	4.6%

자료 2-17 **만도 MTS-재무분석, 분기**

	Q 만도	≡i	매수	매도

| 기업개요 | 기업현황 | 재무분석 | 투자지표 |

만도 204320 | 운수장비 | 업종PER 18.9

EPS 2,354 | BPS 32,283.9 | PER 25.4 | PBR 1.9

| 주재무제표 ⌄ | | 연간 | 분기 | 차트보기 |

포괄손익계산서 (억원/%)

항목	‹ 2020/06	2020/09	전분기대비 ›
매출액	10,134.3	15,014.6	48.2%
매출원가	9,696.3	12,996.2	34.0%
판매비와관리비	1,196.7	1,362.0	13.8%
영업이익	-758.72	656.4	186.5%
당기순이익	-1,118.66	392.0	135.0%
당기순이익(지배)	-1,123.02	368.8	132.8%

실용적인 네이버금융

네이버금융의 기업실적분석을 통해서도 최근 연간 실적과 최근 분기별 실적을 한눈에 확인할 수 있다. 과거 실적인 연간 실적보다는 최근의 분기별 실적에 더 중점을 두어 평가한다. 만도는 2017년부터 2019년까지 연간 실적은 좋았지만, 2020년 2분기 실적이 최악이었다. 3분기부터 다시금 좋은 실적을 거두기 시작했다.

자료 2-18 만도 네이버금융-기업실적분석

기업실적분석

주요재무정보	최근 연간 실적				최근 분기 실적					
	2018.12	2019.12	2020.12	2021.12(E)	2019.12	2020.03	2020.06	2020.09	2020.12	2021.03(E)
	IFRS 연결	IFRS 연결	IFRS 연결	IFRS 연결	IFRS 연결	IFRS 연결	IFRS 연결	IFRS 연결	IFRS 연결	IFRS 연결
매출액(억원)	56,648	59,819	55,635	63,427	16,361	13,101	10,134	15,015	17,385	14,634
영업이익(억원)	1,974	2,186	887	3,209	643	185	-759	656	804	703
당기순이익(억원)	1,129	1,182	139	2,184	145	95	-1,119	392	770	444
영업이익률(%)	3.48	3.65	1.59	5.06	3.93	1.41	-7.49	4.37	4.63	4.80
순이익률(%)	1.99	1.98	0.25	3.44	0.89	0.73	-11.04	2.61	4.43	3.04
ROE(%)	7.64	7.55	0.37	12.34	7.55	6.84	-2.87	-3.52	0.37	
부채비율(%)	199.46	189.83	188.86		189.83	188.56	206.34	188.20	188.86	
당좌비율(%)	90.05	100.77	102.56		100.77	101.61	118.72	104.56	102.56	
유보율(%)	2,732.44	2,888.54	2,819.81		2,888.54	2,846.06	2,603.92	2,678.54	2,819.81	
EPS(원)	2,250	2,354	123	4,462	247	177	-2,392	785	1,552	946
PER(배)	12.87	14.96	476.93	14.77	14.96	9.53	-25.35	-30.18	476.93	69.68
BPS(원)	30,236	32,284	34,970	37,538	32,284	32,859	30,019	34,515	34,970	
PBR(배)	0.96	1.09	1.68	1.76	1.09	0.63	0.74	1.03	1.68	

와이아이케이의 실적을 확인하는 방법

편리한 MTS

와이아이케이는 2018년 실적이 좋았다가, 2019년도 영업손실과 당기순손실로 적자를 기록했다. 이런 때는 주가도 실적과 비례해서 하락할 가능성이 매우 크기 때문에 적자 기업의 주식은 가급적 매수하지 않도록 한다. 그러나 와이아이케이는 2020년에 전년보다 매출액이 증가하면서 영업이익과 당기순이익 모두 흑자 전환되었다. 실적의 회복은 주가 상승으로 이어진다.

실용적인 네이버금융

자료 2-21 와이아이케이 네이버금융-기업실적분석

기업실적분석

주요재무정보	최근 연간 실적				최근 분기 실적					
	2018.12	2019.12	2020.12	2021.12(E)	2019.12	2020.03	2020.06	2020.09	2020.12	2021.03(E)
	IFRS 연결	IFRS 연결	IFRS 연결	IFRS 연결	IFRS 연결	IFRS 연결	IFRS 연결	IFRS 연결	IFRS 연결	IFRS 연결
매출액(억원)	2,432	500	1,719		203	339	463	393	526	
영업이익(억원)	329	-118	248		-25	35	70	51	92	
당기순이익(억원)	296	-121	205		-26	37	49	42	76	
영업이익률(%)	13.55	-23.57	14.45		-12.52	10.36	15.14	13.05	17.52	
순이익률(%)	12.16	-24.15	11.90		-12.87	11.04	10.62	10.70	14.49	
ROE(%)	32.60	-12.14	12.00		-12.14	-6.18	-0.14	4.96	12.00	
부채비율(%)	63.55	88.48	30.86		88.48	79.10	76.41	52.24	30.86	
당좌비율(%)	313.76	94.25	231.73		94.25	104.47	117.50	181.72	231.73	
유보율(%)	1,642.67	1,429.53	2,315.94		1,429.53	1,588.65	1,643.61	2,249.15	2,315.94	
EPS(원)	499	-200	258		-47	49	59	45	99	
PER(배)	5.40	-16.78	24.24		-16.78	-22.33	-1,617.68	46.71	24.24	
BPS(원)	1,759	1,553	2,547		1,553	1,700	1,785	2,395	2,547	
PBR(배)	1.53	2.16	2.45		2.16	1.40	2.21	2.15	2.45	

Mentor's Tip!

　3년 동안의 매출액과 영업이익 그리고 당기순이익이 모두 증가한다면 이런 주식은 매수하기 딱 좋은 종목이다. 다만 이미 실적이 반영되어 주가가 상당 폭으로 상승했다면 주식 매수는 보류해야 한다.

　　좋은 실적이 이미 주가에 반영되었다면 매수는 **'보류'**
　　좋은 실적이 아직 주가에 반영되지 않았다면 **'적극 매수'**
　　나쁜 실적이 이미 주가에 반영되었다면 매수는 **'보류'**
　　나쁜 실적이 아직 주가에 반영되지 않았다면 **'적극 매도'**

Mentor's Strategy! 좋은 실적 vs. 나쁜 실적

　실적, 즉 매출액, 영업이익, 당기순이익만으로 매수해야 할 기업과 매수하기 부담스러운 기업을 비교해보자. 여러 기업의 실제 자료를 가지고 오직 실적 내용만을 비교하여 매수 여부를 판단하는 연습을 해본다.

① 셀트리온 vs. 지노믹트리

　셀트리온의 2017년부터 2020년(잠정치)까지의 실적은 우수하다. 매년 매출액이 증가했고, 특히 영업이익과 당기순이익이 폭발적으로 증가했다. 특히 최근의 분기별 실적(매출액, 영업이익, 당기순이익)이 대폭 상승하면서 기대감을 더욱 높이고 있다.

자료 2-22 셀트리온 네이버금융-기업실적분석

기업실적분석

주요재무정보	최근 연간 실적				최근 분기 실적					
	2017.12	2018.12	2019.12	2020.12(E)	2019.09	2019.12	2020.03	2020.06	2020.09	2020.12(E)
	IFRS 연결	IFRS 연결	IFRS 연결	IFRS 연결	IFRS 연결	IFRS 연결	IFRS 연결	IFRS 연결	IFRS 연결	IFRS 연결
매출액(억원)	9,491	9,821	11,285	18,738	2,891	3,827	3,728	4,288	5,488	5,234
영업이익(억원)	5,078	3,387	3,781	7,732	1,031	1,142	1,202	1,818	2,453	2,259
당기순이익(억원)	3,862	2,536	2,980	6,009	616	951	1,053	1,386	1,758	1,817

지노믹트리의 2017년부터 2020년(잠정치)까지의 실적은 상당히 불량하다. 매출액이 사실상 없다고 보는 편이 낫다. 영업손실과 당기순손실도 대폭 증가했다. 부도가 나도 할 말이 없을 만큼 실적이 불량하기 때문에 이후에도 호전되지 않는다면 매수하지 않는 것이 좋다.

자료 2-23 지노믹트리 네이버금융-기업실적분석

기업실적분석

주요재무정보	최근 연간 실적				최근 분기 실적					
	2018.12	2019.12	2020.12	2021.12(E)	2019.12	2020.03	2020.06	2020.09	2020.12	2021.03(E)
	IFRS 별도	IFRS 연결	IFRS 연결	IFRS 연결	IFRS 연결	IFRS 연결	IFRS 연결	IFRS 연결	IFRS 연결	IFRS 연결
매출액(억원)	4	3	12		1	1	5	1	6	
영업이익(억원)	-26	-103	-124		-43	-31	-39	-35	-20	
당기순이익(억원)	-25	-103	-117		-50	-48	-21	-36	-13	

② 다우기술 vs. 에스에스알

다우기술의 2017년부터 2019까지의 실적은 우수하다. 매년 매출액과 영업이익, 당기순이익이 대폭 증가했다. 2020년 3분기까지의 실적도 상승세를 보였다. 이 흐름이 이어진다면 전년도 매출액과 영업이익 그리고 당기순이익을 훌쩍 뛰어넘을 것이다.

자료 2-24 **다우기술 네이버금융-기업실적분석** ══════════

기업실적분석

주요재무정보	최근 연간 실적				최근 분기 실적					
	2017.12	2018.12	2019.12	2020.12(E)	2019.09	2019.12	2020.03	2020.06	2020.09	2020.12(E)
	IFRS 연결	IFRS 연결	IFRS 연결	IFRS 연결	IFRS 연결	IFRS 연결	IFRS 연결	IFRS 연결	IFRS 연결	IFRS 연결
매출액(억원)	13,728	23,470	32,455	52,090	8,479	8,710	20,264	8,880	12,247	
영업이익(억원)	3,302	3,241	5,075	9,558	987	1,225	219	3,259	3,685	
당기순이익(억원)	2,431	2,254	3,959		709	1,036	138	2,195	2,741	

　에스에스알의 2017년부터 2019년까지의 실적은 양호한데, 2020년 3분기까지의 실적은 상당히 불량하다. 코로나19 영향도 무시할 수는 없지만, 영업이익과 당기순이익이 적자 전환될 가능성이 클 것으로 짐작된다. 실적이 호전되지 않는 한 매수하지 않는 것이 좋다.

자료 2-25 **에스에스알 네이버금융-기업실적분석** ══════════

기업실적분석

주요재무정보	최근 연간 실적				최근 분기 실적					
	2017.12	2018.12	2019.12	2020.12(E)	2019.09	2019.12	2020.03	2020.06	2020.09	2020.12(E)
	IFRS 별도	IFRS 별도	IFRS 별도	IFRS 별도	IFRS 별도	IFRS 별도	IFRS 별도	IFRS 별도	IFRS 별도	IFRS 별도
매출액(억원)	113	126	136		29	65	11	20	23	
영업이익(억원)	26	11	6		3	19	-11	-6	-15	
당기순이익(억원)	25	12	11		3	18	-5	-	-12	

③ 에코프로 vs. 올릭스

　에코프로의 2017년부터 2020년(잠정치)까지의 실적은 우수하다. 매년 매출액이 증가했고, 영업이익 그리고 당기순이익이 폭발적으로 증가한 것을 확인할 수 있다. 특히 최근 분기별 실적(매출액, 영업이익, 당기순이익)도 대폭 상승하면서 기대감을 더욱 높이고 있다.

자료 2-26 에코프로 네이버금융-기업실적분석 ━━━━━━━━━━━━

기업실적분석

주요재무정보	최근 연간 실적				최근 분기 실적					
	2017.12	2018.12	2019.12	2020.12(E)	2019.09	2019.12	2020.03	2020.06	2020.09	2020.12(E)
	IFRS 연결	IFRS 연결	IFRS 연결	IFRS 연결	IFRS 연결	IFRS 연결	IFRS 연결	IFRS 연결	IFRS 연결	IFRS 연결
매출액(억원)	3,290	6,694	7,023	10,362	1,693	1,894	1,783	2,094	2,828	3,348
영업이익(억원)	218	623	478	950	141	50	107	194	294	353
당기순이익(억원)	-33	462	374	692	106	26	64	201	223	

올릭스의 2017년부터 2020년(잠정치)까지의 실적은 상당히 불량하다. 매출액이 사실상 없다고 보는 편이 낫다. 영업손실과 당기순손실도 대폭 증가했다. 부도가 나도 할 말이 없을 만큼의 불량한 실적으로 이후 실적이 대폭 호전되지 않는 한 매수하지 않는 것이 좋다.

자료 2-27 올릭스 네이버금융-기업실적분석 ━━━━━━━━━━━━

기업실적분석

주요재무정보	최근 연간 실적				최근 분기 실적					
	2017.12	2018.12	2019.12	2020.12(E)	2019.09	2019.12	2020.03	2020.06	2020.09	2020.12(E)
	IFRS 별도	IFRS 연결	IFRS 연결	IFRS 연결	IFRS 연결	IFRS 연결	IFRS 연결	IFRS 연결	IFRS 연결	IFRS 연결
매출액(억원)	2	3	11	20	3	3	2	1	9	
영업이익(억원)	-54	-82	-151	-150	-36	-52	-31	-47	-43	
당기순이익(억원)	-52	-77	-144	-140	-35	-51	-29	-46	-42	

앞서 언급된 지노믹트리와 에스에스알, 올릭스는 기술특례상장기업이다. 기업이 보유한 기술력은 이미 증명되었다는 의미로, 더 나아가 이후 실적 개선되는 시점에 주가도 강하게 상승할 수 있다는 판단까지 해볼 수 있다.

주식은 생물과 같아서 실적만으로 주가가 움직이기 어렵다. 게다가 실적 역시 언제든지 변할 수 있다. 좋은 실적을 내는 회사가 그렇지 않은 회사보다 주가가 상승할 가능성이 높다. 특히 매출액의 증가는 회사가 성장하고 있는지를 가장 정확하게 볼 수 있는 방법이므로 주의 깊게 살펴보자. 매수 종목을 발굴할 때는 실적이 좋은 것, 개선되고 있는 종목에 관심을 더 주어야 한다.

상장 요건 불충분 기업이 상장할 수 있는 방법

기술특례상장기업

기업이 상장을 하려면 일정한 조건을 갖추어야 한다. 일정한 매출액과 수익을 갖춘 기업만이 상장 기회를 갖는다. 그러나 충족하지 못하더라도 기술력이 뛰어난 회사가 시장에 상장할 수 있도록 만든 제도가 있다. 바로 '기술특례상장 제도'다. 현재 수익이 발생하지 않더라도 차별화된 기술력에 성장 가능성이 보인다면 거래소가 인정한 기술전문평가기관에서 등급을 평가받아 기술특례상장이 가능하다. 대표적인 기술특례상장기업으로는 바이오니아, 인트론바이오, 박셀바이오 등이 있다.

성장성특례상장기업

상장기업이 되기 위한 상장 요건을 충족하지 못하고 기술특례상장도 어려운 회사를 상장을 주관하는 증권사에서 추천하여 상장할 수 있도록 한 제도다. 기업의 상장 여부는 증권사의 임의적인 판단인데, 장래성이 높다고 판단한 기업의 상장 요건을 낮추는 것이다. 쉽게 말해, 실적도 없고 기술평가도 없는 회사를 증권사 보증으로 상장시키는 것이다. 다만, 공모주 투자자 보호를 위해 주가가 6개월 이내에 공모가 대비 90퍼센트 아래로 떨어지면, 공모주 투자자는 보증한 증권사에 공모가의 90퍼센트 가격으로 되팔 수 있다(환매청구권). 증권사도 환매청구권에 대한 책임이 있으므로 무작정 상장을 진행하지는 않는다. 성장성특례상장기업에 대한 기술평가가 필수는 아니지만 증권사 대부분은 기술평가 후 상장 보증을 한다. 참고로 공모가 대비 90퍼센트 이하로 떨어지는 경우는 아직까지 발생하지 않았다. 대표적인 성장성특례상장기업으로는 라파스, 알체라, 고바이오랩 등이 있다.

특별상장 기업의 주식 매수는 이때 한다!

기술특례상장기업과 성장성특례상장기업은 상장 초반에 매출액이 적고, 영업손실과 당기순손실액도 상당히 큰 편이다. 다만 기술력에서 추후 성장 가능성이 보이기 때문에 매수를 고려해볼 수 있다.

그렇다면 기술특례상장기업과 성장성특례상장기업의 매수 타이밍은 언제일까? ① 매출액이 급증할 때, ② 영업손실액이 급감할 때, ③ 당기순손실이 급감할 때다. 일반적으로 매수 타이밍이 가장 안정적인 시점은 매출액이 급증하고 영업이익과 당기순이익이 나는 타이밍이지만 그때는 이미 주가가 가장 고점에 있을 가능성이 높다.

기술특례상장기업 바이오니아를 예로 들어보자. 바이오니아는 상장 후 눈에 띄는 큰 주가 흐름이 없었다. 2018년 매출액은 241억 원, 당기순손실액은 88억 원이었고, 2019년 매출액은 363억 원, 당기순손실액은 74억 원이었다. 매출액은 증가하였고 당기순손실액은 비슷했지만 주가의 흐름에 큰 변화를 보이지 않았다. 2020년 1분기 코로나19 발생 이후 코로나19 진단키트의 매출이 급증하면서, 2020년 1분기 매출액은 126억 원, 당기순손실은 200억 원대에서 2분기 매출액은 593억 원, 당기순이익 415억 원으로 2019년 12월 기준 약 7,000원 하던 주식 가격이 2020년 1분기 실적 발표 전에 18,000원대로 급등했다.

1분기 매출액이 전년도 YoY보다 2배 이상 급증하며 당기순손실이 30퍼센트 감소했고, 코로나19 진단키트로 2, 3분기 매출과 이익이 급증할 거라는 기대 심리도 주가에 반영되었다. 실제로 2020년 2분기 실적 발표

자료 2-28 바이오니아 네이버금융-기업실적분석

기업실적분석

주요재무정보	최근 연간 실적				최근 분기 실적					
	2017.12	2018.12	2019.12	2020.12(E)	2019.09	2019.12	2020.03	2020.06	2020.09	2020.12(E)
	IFRS 연결	IFRS 연결	IFRS 연결	IFRS 연결	IFRS 연결	IFRS 연결	IFRS 연결	IFRS 연결	IFRS 연결	IFRS 연결
매출액(억원)	233	241	363		111	73	126	593	737	
영업이익(억원)	-63	-116	-85		-16	-34	-5	320	424	
당기순이익(억원)	-99	-88	-74		-13	-30	-208	415	32	
영업이익률(%)	-27.20	-48.09	-23.48		-14.71	-46.88	-3.68	54.05	57.47	
순이익률(%)	-42.73	-36.45	-20.44		-11.28	-40.29	-165.28	69.95	4.33	
ROE(%)	-42.70	-26.67	-22.49		-23.75	-22.49	-115.45	37.22	46.15	
부채비율(%)	116.22	81.38	159.65		100.61	159.65	750.67	141.30	199.25	
당좌비율(%)	90.08	53.06	38.72		80.99	38.72	35.86	60.91	70.33	
유보율(%)	122.17	154.49	85.23		108.54	85.23	-99.10	264.02	287.30	
EPS(원)	-526	-408	-349		-63	-132	-924	1,813	116	
PER(배)	-17.12	-18.23	-19.45		-21.66	-19.45	-13.76	16.26	30.06	
BPS(원)	1,316	1,764	1,355		1,461	1,355	400	2,217	2,354	
PBR(배)	6.84	4.21	5.01		4.69	5.01	39.67	5.16	11.24	

전후 35,000원대로 급등했고, 2분기 실적 사상 최고치를 경신하며 역사
적 신고가인 35,200원까지 올랐다.

　바이오니아는 실적이 대폭 개선되면서 주가가 상승하다가 백신 등장
으로 코로나19 진단키트 매출이 급감한다는 예상이 반영되어 주가가 하
락하는 중이다. 단지 코로나19 진단키트뿐만이 아닌, 유전자 분야의 원
천기술을 바탕으로 질병을 진단하고 치료, 예방을 위한 사업을 영위하
는 헬스케어로 영업을 확장하거나 바이러스 핵산 추출을 위한 솔루션 분
야로의 영업 확장 시도가 필요해 보인다.

　정리해보면, 기술특례상장기업이나 성장성특례상장기업의 적절한 매
수 타이밍을 상승 기대 심리에 기대기보다는 실적이 가시화되는 시점으

로 보는 것이 더 바람직하다. 상장 초기에는 매출액이 미미하고 영업손실과 당기순손실이 크다. 이후 매출액이 확연히 증가하고 영업손실과 당기순손실이 줄어드는 타이밍이 1차 매수 타이밍이다. 추후 매출액이 더 증가하고 영업이익과 당기순이익을 기록하면 그때 매수하는 것이 가장 안정적이다.

폭락을 피할 수 있는
기업의 재무 안정성 살펴보기
3단계

Q '재무상태가 좋은' 주식이란 무엇일까요? 그리고 재무상태는 어디서 확인하나요?

A '재무상태가 좋다'는 것은 부채비율이 낮고, 유동비율과 유보율은 높다는 의미입니다. 그러면 재무 안전성이 높다고 판단합니다. 상장회사의 재무상태는 '금감원 전자공시시스템 정기보고서'에서 확인할 수 있습니다. 정기보고서의 '재무상태표'를 봅니다. 네이버금융과 각 증권사 HTS, MTS에서도 찾을 수 있습니다.

종목을 선정하는 데 실적만큼이나 중요하게 살펴봐야 할 요소가 있다. 기업의 재무 안정성이다. 기업의 실적이 개선되거나 좋은 상태지만 당장 어음을 막을 수 없다면 부도가 날 수도 있다. 그러면 주가 역시 폭락한다. 따라서 종목을 선정할 때는 실적과 함께 재무 안정성도 같이 확인한다. 재무 안정성과 관련된 핵심 내용은 '부채비율'과 '유동비율' 그리고 '유보율'이다. 각 지표의 값으로 재무 안정성을 판단해야 한다.

특정 시점에서 기업 자산의 흐름을 파악하자

재무 안정성을 확인하려면 정기보고서(분기/반기/사업보고서)의 연결재무제표(또는 재무제표) 중 재무상태표를 본다. 재무상태표는 자산, 부채, 자본 항목으로 구성되어 있는데 이를 통해 특정 시점의 기업 자산을 파악할 수 있다. 쉽게 말해 회사가 돈을 얼마나 가졌는지를 알 수 있다. 부채는 적고, 자산은 많으면 많을수록 좋다.

재무상태표

자산	유동자산	부채	유동부채
	비유동자산		비유동부채
		자본	

부채비율

재무 안정성과 관련한 첫 번째 지표는 부채비율이다. 자기자본(순자산)에서 부채가 차지하는 비중을 수치화한 것이다.

$$부채비율 = \frac{부채}{자기자본(순자산)} \times 100$$

부채비율로 기업 재무의 건전성을 알 수 있다. 부채비율의 수치는 낮을수록 좋은데 100퍼센트 이하면 '양호', 200퍼센트 이하면 '보통'으로 본다. 부채비율이 300퍼센트를 '초과'한다면 매수하지 않는 것이 좋다. 부채비율이 100퍼센트 이하라면 가진 자산 내에서 부채를 책임질 수 있다는 뜻으로 매수에 적합하다. 100퍼센트 이하도 좋지만, 그보다 낮다면 더욱 좋다.

유동비율

두 번째 지표인 유동비율은 유동자산을 유동부채로 나눈 값을 비율로 나타낸 것이다. 유동자산은 기업이 1년 내로 현금화할 수 있는 자산이고, 유동부채는 기업에서 1년 내로 갚아야 하는 부채다. 따라서 유동비율로 기업의 단기 지급 능력을 설명할 수 있다. 짧은 기간 내 현금화할 수 있는 자산으로 짧은 시간 내에 상환해야 하는 부채를 감당할 능력을 갖췄는지 판단하는 것이다. 유동비율 수치는 높을수록 좋다.

$$유동비율 = \frac{유동자산}{유동부채} \times 100$$

재무상태를 따질 때 유동비율과 함께 당좌비율도 살펴볼 수 있다. 유동자산에서 재고자산을 뺀 금액을 비율로 나타낸 것이 당좌비율이다. 수치가 100퍼센트 이상이면 '양호', 200퍼센트 이상이면 '우수', 50퍼센트 미만이면 단기 유동성 측면에서 '위험'하다고 본다. 유동성이 좋지 않으면 부채 상환 기일에 변제를 하지 못해 부도가 날 수 있다. 따라서 유동비율이 50퍼센트 미만인 기업의 주식은 매수하지 않는 것이 좋다.

유보율

세 번째 지표는 유보율로 기업이 얼마나 많은 자금을 보유하고 있는지를 알 수 있다. 잉여금(이익잉여금+자본잉여금)을 자본금으로 나눈 값을 비율로 나타낸 것이다. 유보율이 높으면 경기침체로 인한 매출 감소 상황에서 대응력이 우수하고, 무상증자 가능성도 높아 투자자에게 유리하다.

$$유보율 = \frac{잉여금}{자본금} \times 100$$

기업의 신규 사업에 대한 투자가 활발하면서 유보율도 높다면 금상첨화다. 이익잉여금이 계속 증가하는 기업은 안정적이다. 당기순이익이 커질수록 이익잉여금도 지속적으로 증가한다. 사내유보율이 충분하면 기업에서 공장의 설비를 증설하고 기계를 구입하는 등 시설자금이나 운영자금을 자체 조달할 수 있다. 반면에 사내유보율이 부족하면 돈이 필요할 때 유상증자나 회사채발행 또는 특수사채(CB나 BW)를 발행하여 조달한다. 그러면 주식수가 늘어나기 때문에 주식의 가치가 훼손되고, 부채가 많아져서 추후 수익률이 감소하는 결과로 이어진다.

결론적으로 주식을 매수하기 위해서는 ① 부채비율은 150퍼센트 이하, ② 유동비율은 100퍼센트 이상, ③ 유보율은 200퍼센트 이상의 재무안전성 조건을 만족하는 종목이 좋다.

재무 안정성면에서 불안한 기업은 추후 안정세로 돌아섰을 때 투자를 고민하는 것이 바람직하다.

기업의 재무 안전성 역시 생물과 같다. 현재 재무상태가 안정적이라고 해서 안정이 지속될 것이라 믿거나, 또 재무상태가 불안하다고 해서 결과가 늘 같을 것이라 확신하는 것은 옳지 않다.

재무 안전성을 확인할 때는 가장 최신의 자료를 보는 것이 좋다. 2018년, 2019년, 2020년의 재무 안전성보다는 해당 연도의 최근 분기 보고서 등 가장 최신 자료를 이용하여 재무 안정성을 판단하는 것이 옳다.

만도의 재무 안정성을 확인하는 방법

편리한 MTS

자료 2-30 만도 MTS-재무 안정성

항목	< 2018/12	2019/12	전년대비 >
부채비율	199.5	189.8	-9.6%
유동비율	107.5	120.1	12.6%
당좌비율	90.0	100.8	10.7%
비유동부채비율	75.6	79.0	3.5%
자기자본비율	33.4	34.5	1.1%
이자보상배율	4.8	4.5	-0.3%
차입금비율	93.5	100.8	7.3%
순부채비율	85.5	86.0	0.6%
자본유보율	2,732.4	2,888.5	156.1%

MTS를 통해서 확인한 만도의 부채비율과 유동비율 그리고 자본유보율이다. 부채비율은 189.8퍼센트로 '조금 나쁜 편'이고, 유동비율과 당좌비율은 100퍼센트가 넘으니 '좋다'고 할 수 있다. 자본유보율은 약 2,888퍼센트로 '상당히 우수'한 편이다.

실용적인 네이버금융

네이버금융의 기업실적분석을 통해서 본 만도의 최근 연간 재무상태와 최근 분기 재무상태이다. 과거의 연간 재무상태보다는 최근 분기 재무상태가 더 중요한 항목이다. 2020년 9월 3분기 기준으로 부채비율은 188.20퍼센트로 '조금 나쁜 편'이고, 당좌비율은 104.56퍼센트로 '좋은' 편이다. 유보율은 약 2,678퍼센트로 '상당히 우수한' 편이라 할 수 있다.

자료 2-31 만도 네이버금융-재무 안정성

기업실적분석

주요재무정보	최근 연간 실적				최근 분기 실적					
	2018.12	2019.12	2020.12	2021.12(E)	2019.12	2020.03	2020.06	2020.09	2020.12	2021.03(E)
	IFRS 연결	IFRS 연결	IFRS 연결	IFRS 연결	IFRS 연결	IFRS 연결	IFRS 연결	IFRS 연결	IFRS 연결	IFRS 연결
매출액(억원)	56,648	59,819	55,635	63,427	16,361	13,101	10,134	15,015	17,385	14,634
영업이익(억원)	1,974	2,186	887	3,209	643	185	-759	656	804	703
당기순이익(억원)	1,129	1,182	139	2,184	145	95	-1,119	392	770	444
영업이익률(%)	3.48	3.65	1.59	5.06	3.93	1.41	-7.49	4.37	4.63	4.80
순이익률(%)	1.99	1.98	0.25	3.44	0.89	0.73	-11.04	2.61	4.43	3.04
ROE(%)	7.64	7.55	0.37	12.34	7.55	6.84	-2.87	-3.52	0.37	
부채비율(%)	199.46	189.83	188.86		189.83	188.56	206.34	188.20	188.86	
당좌비율(%)	90.05	100.77	102.56		100.77	101.61	118.72	104.56	102.56	
유보율(%)	2,732.44	2,888.54	2,819.81		2,888.54	2,846.06	2,603.92	2,678.54	2,819.81	

와이아이케이의 재무 안정성을 확인하는 방법

편리한 MTS

MTS를 통해서 와이아이케이의 부채비율과 유동비율 그리고 자본유보율을 확인할 수 있다. 부채비율은 84.3퍼센트로 '우수'한 편이고, 유동비율과 당좌비율은 각각 156.4퍼센트와 96.7퍼센트로 '양호'한 편이다. 자본유보율은 약 1,469퍼센트로 '상당히 우수'하다고 평가할 수 있다.

자료 2-32 **와이아이케이 MTS-재무 안정성**

항목	2018/12	2019/12	전년대비
부채비율	63.5	84.3	20.7%
유동비율	470.8	156.4	-314.4%
당좌비율	313.8	96.7	-217.1%
비유동부채비율	41.5	12.4	-29.1%
자기자본비율	61.1	54.3	-6.9%
이자보상배율	9.7	-2.81	-12.5%
차입금비율	36.8	56.6	19.8%
순부채비율	-28.85	-5.95	22.9%
자본유보율	1,642.7	1,469.9	-172.8%

실용적인 네이버금융

와이아이케이의 2020년 9월 3분기 기준 부채비율은 52.24퍼센트로 '아주 좋은' 편이고, 당좌비율은 181.72퍼센트로 '좋은' 편이다. 유보율은 약

기업실적분석

주요재무정보	최근 연간 실적				최근 분기 실적					
	2017.12	2018.12	2019.12	2020.12(E)	2019.09	2019.12	2020.03	2020.06	2020.09	2020.12(E)
	IFRS 연결	IFRS 연결	IFRS 연결	IFRS 연결	IFRS 연결	IFRS 연결	IFRS 연결	IFRS 연결	IFRS 연결	IFRS 연결
매출액(억원)	1,505	2,432	500		83	203	339	463	393	
영업이익(억원)	194	329	-118		-40	-25	35	70	51	
당기순이익(억원)	144	296	-107		-41	-12	37	49	42	
영업이익률(%)	12.86	13.55	-23.57		-48.13	-12.52	10.36	15.14	13.05	
순이익률(%)	9.56	12.16	-21.41		-49.99	-6.12	11.04	10.62	10.70	
ROE(%)	23.73	32.60	-10.66		-9.68	-10.66	-4.90	1.12	5.90	
부채비율(%)	64.27	63.55	84.25		73.21	84.25	79.10	76.41	52.24	
당좌비율(%)	44.96	313.76	96.66		185.84	96.66	104.47	117.50	181.72	
유보율(%)	1,139.57	1,642.67	1,469.88		1,466.24	1,469.88	1,588.65	1,643.61	2,249.15	

2,249퍼센트로 '상당히 우수'하다고 말할 수 있다.

Mentor's Strategy! **재무 안정성 기준 합격!**

종목을 발굴할 때 재무 안정성 지표의 기준을 만족하면 안전한 기업이라 말할 수 있다.

① 삼성전자

삼성전자 기업실적분석표다. 2020년 9월 3분기 기준, 부채비율은 36.09퍼센트, 당좌비율은 229.69퍼센트, 유보율은 약 30,242퍼센트이다. 앞서 부채비율이 100퍼센트 이하면 아주 좋고, 당좌비율이 100퍼센트 이상이면 좋은 편이라 했었는데, 삼성전자의 부채비율과 당좌비율은

기업실적분석

주요재무정보	최근 연간 실적				최근 분기 실적					
	2018.12	2019.12	2020.12	2021.12(E)	2019.12	2020.03	2020.06	2020.09	2020.12	2021.03(E)
	IFRS 연결	IFRS 연결	IFRS 연결	IFRS 연결	IFRS 연결	IFRS 연결	IFRS 연결	IFRS 연결	IFRS 연결	IFRS 연결
매출액(억원)	2,437,714	2,304,009	2,368,070	2,606,919	598,848	553,252	529,661	669,642	615,515	602,650
영업이익(억원)	588,867	277,685	359,939	460,647	71,603	64,473	81,463	123,532	90,470	85,752
당기순이익(억원)	443,449	217,389	264,078	347,672	52,270	48,849	55,551	93,607	66,071	61,580
영업이익률(%)	24.16	12.05	15.20	17.67	11.96	11.65	15.38	18.45	14.70	14.23
순이익률(%)	18.19	9.44	11.15	13.34	8.73	8.83	10.49	13.98	10.73	10.22
ROE(%)	19.63	8.69	9.98	12.36	8.69	8.45	8.49	9.51	9.98	
부채비율(%)	36.97	34.12	37.07		34.12	34.19	32.67	36.09	37.07	
당좌비율(%)	204.12	233.57	214.82		233.57	237.80	250.04	229.69	214.82	
유보율(%)	27,531.92	28,856.02	30,692.79		28,856.02	29,134.12	29,477.97	30,242.29	30,692.79	

기준치를 크게 만족하므로 재무상태가 상당히 우량한 종목임을 확인할 수 있다.

② 셀트리온

기업실적분석

주요재무정보	최근 연간 실적				최근 분기 실적					
	2017.12	2018.12	2019.12	2020.12(E)	2019.09	2019.12	2020.03	2020.06	2020.09	2020.12(E)
	IFRS 연결	IFRS 연결	IFRS 연결	IFRS 연결	IFRS 연결	IFRS 연결	IFRS 연결	IFRS 연결	IFRS 연결	IFRS 연결
매출액(억원)	9,491	9,821	11,285	18,738	2,891	3,827	3,728	4,288	5,488	5,234
영업이익(억원)	5,078	3,387	3,781	7,732	1,031	1,142	1,202	1,818	2,453	2,259
당기순이익(억원)	3,862	2,536	2,980	6,009	616	951	1,053	1,386	1,758	1,817
영업이익률(%)	53.51	34.49	33.50	41.27	35.69	29.84	32.25	42.41	44.70	43.16
순이익률(%)	40.69	25.82	26.41	32.07	21.31	24.84	28.24	32.32	32.04	34.72
ROE(%)	17.53	10.84	11.19	19.79	9.42	11.19	12.47	14.05	17.14	
부채비율(%)	36.33	34.48	33.94		34.96	33.94	37.26	37.41	38.27	
당좌비율(%)	229.34	221.23	224.94		240.46	224.94	228.68	220.10	225.72	
유보율(%)	1,799.46	1,975.54	2,181.03		2,094.63	2,181.03	2,151.40	2,265.20	2,394.35	

셀트리온의 기업실적분석표다. 2020년 9월 3분기 기준, 부채비율 38.27퍼센트, 당좌비율 225.72퍼센트, 유보율 약 2,394퍼센트로 재무상태가 상당히 우량한 종목임을 확인할 수 있다.

③ 디아이

디아이 기업실적분석표다. 2020년 9월 3분기 기준, 부채비율 61.83퍼센트, 당좌비율 112.54퍼센트, 유보율 758.40퍼센트로 재무상태가 상당히 우량한 종목임을 확인할 수 있다.

자료 2-36 디아이 네이버금융-재무 안정성

기업실적분석

주요재무정보	최근 연간 실적				최근 분기 실적					
	2017.12	2018.12	2019.12	2020.12(E)	2019.09	2019.12	2020.03	2020.06	2020.09	2020.12(E)
	IFRS 연결	IFRS 연결	IFRS 연결	IFRS 연결	IFRS 연결	IFRS 연결	IFRS 연결	IFRS 연결	IFRS 연결	IFRS 연결
매출액(억원)	1,522	1,960	1,095	1,572	394	284	184	482	559	347
영업이익(억원)	115	215	-65	80	22	-32	-48	62	57	10
당기순이익(억원)	194	147	5	91	17	12	-22	81	29	
영업이익률(%)	7.57	10.98	-5.97	5.09	5.48	-11.17	-26.31	12.88	10.20	2.88
순이익률(%)	12.78	7.49	0.46	5.79	4.43	4.33	-11.82	16.79	5.25	
ROE(%)	15.19	7.86	0.48	6.54	-3.92	0.48	-0.82	6.88	7.45	
부채비율(%)	50.96	46.09	50.99		53.89	50.99	68.23	75.26	61.83	
당좌비율(%)	125.80	113.74	97.02		89.43	97.02	91.44	88.35	112.54	
유보율(%)	687.12	725.79	717.56		713.51	717.56	698.20	742.44	758.40	

④ 세방전지

세방전지 기업실적분석표다. 2020년 9월 3분기 기준, 부채비율은 40.82퍼센트, 당좌비율은 142.58퍼센트, 유보율 약 15,952퍼센트로 재무상태가 상당히 우량한 종목임을 확인할 수 있다.

기업실적분석

주요재무정보	최근 연간 실적				최근 분기 실적					
	2017.12	2018.12	2019.12	2020.12(E)	2019.09	2019.12	2020.03	2020.06	2020.09	2020.12(E)
	IFRS 연결	IFRS 연결	IFRS 연결	IFRS 연결	IFRS 연결	IFRS 연결	IFRS 연결	IFRS 연결	IFRS 연결	IFRS 연결
매출액(억원)	11,111	11,809	11,390		2,945	2,890	3,174	2,883	3,161	
영업이익(억원)	698	1,113	1,057		287	209	204	176	239	
당기순이익(억원)	667	966	784		223	85	200	265	194	
영업이익률(%)	6.29	9.42	9.28		9.74	7.22	6.42	6.11	7.57	
순이익률(%)	6.00	8.18	6.88		7.59	2.94	6.31	9.17	6.13	
ROE(%)	7.76	10.32	7.70		10.23	7.70	6.94	7.33	6.88	
부채비율(%)	28.67	29.06	43.23		27.59	43.23	42.73	38.37	40.82	
당좌비율(%)	227.86	197.21	130.36		205.65	130.36	155.25	148.52	142.58	
유보율(%)	12,737.16	14,054.41	15,105.26		14,960.33	15,105.26	15,301.93	15,690.10	15,952.36	

Mentor's Strategy!   **재무 안정성 기준 불합격!**

　반대로 재무 안정성 지표 기준을 미달하는 기업은 투자할 때 큰 위험을 감수해야 한다. 부채비율이 증가하고, 유동비율과 유보율이 감소하는 기업은 피하는 것이 좋다.

① 아시아나항공

　아시아나항공 기업실적분석표다. 2020년 9월 3분기 기준, 부채비율 약 2,308퍼센트, 당좌비율 23.69퍼센트, 유보율 -52.64퍼센트로 재무상태가 상당히 불량하다고 판단할 수 있다. 언제 부도가 날지도 모르기 때문에 해당 주식은 매수하기에 아주 불리한 조건이라 할 수 있다.

기업실적분석

주요재무정보	최근 연간 실적				최근 분기 실적					
	2017.12	2018.12	2019.12	2020.12(E)	2019.09	2019.12	2020.03	2020.06	2020.09	2020.12(E)
	IFRS 연결	IFRS 연결	IFRS 연결	IFRS 연결	IFRS 연결	IFRS 연결	IFRS 연결	IFRS 연결	IFRS 연결	IFRS 연결
매출액(억원)	65,941	71,834	69,658	40,435	18,351	16,622	12,937	8,864	8,297	10,220
영업이익(억원)	2,456	282	-4,437	-2,295	-570	-2,698	-2,920	234	134	280
당기순이익(억원)	2,626	-1,959	-8,179	-4,090	-2,325	-2,938	-6,833	500	94	
영업이익률(%)	3.72	0.39	-6.37	-5.68	-3.10	-16.23	-22.57	2.64	1.62	2.74
순이익률(%)	3.98	-2.73	-11.74	-10.12	-12.67	-17.67	-52.81	5.64	1.14	
ROE(%)	24.72	-18.98	-90.67	-64.01	-60.57	-90.67	-254.01	-121.51	-107.98	
부채비율(%)	565.91	649.28	1,386.69		807.56	1,386.69	6,279.78	2,291.00	2,308.71	
당좌비율(%)	27.04	36.75	29.29		26.96	29.29	26.49	25.98	23.69	
유보율(%)	15.20	-5.98	-26.39		1.12	-26.39	-85.82	-132.64	-52.64	

② 샘코

샘코의 기업실적분석표다. 2020년 9월 3분기 기준, 부채비율은 339.38 퍼센트, 당좌비율 19.98퍼센트, 유보율 43.41퍼센트로 재무상태가 불량

기업실적분석

주요재무정보	최근 연간 실적				최근 분기 실적					
	2017.12	2018.12	2019.12	2020.12(E)	2019.09	2019.12	2020.03	2020.06	2020.09	2020.12(E)
	IFRS 별도	IFRS 별도	IFRS 별도	IFRS 별도	IFRS 별도	IFRS 별도	IFRS 별도	IFRS 별도	IFRS 별도	IFRS 별도
매출액(억원)	301	312	257		73	63	47	34	14	
영업이익(억원)	32	-42	-240		-49	-118	-39	-3	26	
당기순이익(억원)	7	-21	-320		-52	-146	-47	-1	29	
영업이익률(%)	10.62	-13.54	-93.30		-66.88	-186.13	-81.96	-8.93	178.53	
순이익률(%)	2.48	-6.62	-124.50		-72.31	-230.98	-98.74	-2.97	198.63	
ROE(%)	2.42	-5.08	-132.08		-55.31	-132.08	-166.17	-148.04	-99.20	
부채비율(%)	47.28	78.23	432.53		166.76	432.53	1,051.73	699.51	339.38	
당좌비율(%)	239.49	122.19	55.76		69.87	55.76	57.84	30.34	19.98	
유보율(%)	926.12	874.23	101.94		442.43	101.94	-12.14	-11.61	43.41	

하다고 판단할 수 있다.

Mentor's Strategy! 재무 안정성은 합격인데, 실적이 좋지 않다면?!

재무상태는 기준에 충족하는데, 실적이 좋지 않은 기업의 주식이 분명 있을 것이다. 그러면 해당 종목은 어떻게 하는 것이 좋을까? 결론만 이야기하자면, 매수하지 않는 것이 좋다.

① 신테카바이오

신테카바이오는 재무상태는 좋은 것에 비해서 실적은 거의 없는 상태다. 특별한 이슈가 없는 한 아래 실적으로는 매수하기 곤란한 기업이라고 판단할 수 있다.

자료 2-40 **신테카바이오 네이버금융-재무 안정성**

기업실적분석

주요재무정보	최근 연간 실적				최근 분기 실적					
	2017.12	2018.12	2019.12	2020.12(E)	2019.09	2019.12	2020.03	2020.06	2020.09	2020.12(E)
	IFRS 별도	IFRS 별도	IFRS 별도	IFRS 별도	IFRS 별도	IFRS 별도	IFRS 별도	IFRS 별도	IFRS 별도	IFRS 별도
매출액(억원)	-	3	5		1	1	1	1	1	
영업이익(억원)	-39	-30	-52		-14	-15	-15	-18	-17	
당기순이익(억원)	-58	37	-230		-13	-14	-13	-17	-15	
영업이익률(%)	-8,877.29	-1,030.53	-1,125.80		-1,188.37	-1,121.22	-1,087.71	-1,269.80	-1,385.09	
순이익률(%)	-13,302.44	1,307.34	-4,977.80		-1,083.74	-1,034.11	-934.18	-1,199.46	-1,277.60	
ROE(%)		-652.14	-96.19			-96.19	-102.44	-15.35	-16.63	
부채비율(%)	-189.69	637.50	3.98		5.91	3.98	4.26	6.68	6.83	
당좌비율(%)	26.03	105.57	6,401.48		4,753.02	6,401.48	5,923.82	5,629.13	5,453.05	
유보율(%)	-323.24	-76.76	586.43		382.60	586.43	568.06	544.84	522.26	

② 젬백스지오

젬백스지오는 재무상태는 아주 불량한 편은 아니지만, 실적이 좋지 않은 상태다. 특별한 이슈가 없는 한 아래 실적으로는 매수하기 곤란한 기업이라고 판단할 수 있다.

자료 2-41 젬백스지오 네이버금융-재무 안정성

기업실적분석

주요재무정보	최근 연간 실적				최근 분기 실적					
	2017.12	2018.12	2019.12	2020.12(E)	2019.09	2019.12	2020.03	2020.06	2020.09	2020.12(E)
	IFRS 연결	IFRS 연결	IFRS 연결	IFRS 연결	IFRS 연결	IFRS 연결	IFRS 연결	IFRS 연결	IFRS 연결	IFRS 연결
매출액(억원)	358	254	189		74	90	72	91	100	
영업이익(억원)	-10	-3	-40		-25	-4	-7	-4	-1	
당기순이익(억원)	-112	-132	-713		-77	-361	-15	-13	-27	
영업이익률(%)	-2.66	-1.14	-21.02		-33.56	-3.91	-9.68	-4.45	-0.82	
순이익률(%)	-31.14	-51.95	-377.34		-104.22	-401.27	-21.15	-14.13	-26.57	
ROE(%)	-17.42	-14.25	-77.64		-49.33	-77.64	76.48	-54.78	-50.89	
부채비율(%)	92.85	53.86	91.34		87.25	91.34	92.64	65.56	59.71	
당좌비율(%)	38.62	33.33	24.09		17.27	24.09	27.47	58.01	42.99	
유보율(%)	312.22	359.09	47.02		217.52	47.02	93.41	110.75	67.51	

Mentor's Tip!

실적과 재무 안정성으로 종목 선정하기

결과를 책임지는 투자는 적합한 종목을 선정하는 것에서부터 시작한다. 종목을 선정할 때 기업의 실적과 재무 안정성이 기준을 만족하는가의 여부를 제외하고 수익을 논할 수는 없다. 실적과 재무 안정성으로 매수 가능한 종목과 매수 불가능한 종목을 살펴보자.

매수하기 적합한 기업

① 유한양행

유한양행의 2017년부터 2020년(2020년은 예상치)까지의 최근 연간 실적과 최근 분기 실적을 나타낸 표이다.

최근 연간 실적에서 2020년 매출액이 최근 3년간의 기록 중 최고치이고, 영업이익과 당기순이익도 최고치인 것으로 보아 실적이 좋다고 판단할 수 있다.

부채비율이 29.63퍼센트이고, 당좌비율은 225.40퍼센트, 유보율이 약 2,653퍼센트로 아주 우수하므로 재무상태도 안정적이라고 볼 수 있다.

자료 2-42 **유한양행**

기업실적분석

주요재무정보	최근 연간 실적				최근 분기 실적					
	2018.12	2019.12	2020.12	2021.12(E)	2019.12	2020.03	2020.06	2020.09	2020.12	2021.03(E)
	IFRS 연결	IFRS 연결	IFRS 연결	IFRS 연결	IFRS 연결	IFRS 연결	IFRS 연결	IFRS 연결	IFRS 연결	IFRS 연결
매출액(억원)	15,188	14,804	16,199	17,302	3,937	3,133	4,155	4,297	4,614	3,930
영업이익(억원)	501	125	843	806	85	11	357	204	272	136
당기순이익(억원)	583	366	1,904	1,083	27	1,154	343	288	119	231
영업이익률(%)	3.30	0.85	5.20	4.66	2.16	0.34	8.58	4.74	5.88	3.46
순이익률(%)	3.84	2.47	11.75	6.26	0.69	36.82	8.26	6.71	2.59	5.87
ROE(%)	3.55	2.43	11.06	6.30	2.43	8.33	9.86	10.59	11.06	
부채비율(%)	31.61	28.32	29.63		28.32	29.92	32.64	28.96	29.63	
당좌비율(%)	185.05	214.07	225.40		214.07	233.22	222.17	254.32	225.40	
유보율(%)	2,650.39	2,547.07	2,653.87		2,547.07	2,566.60	2,617.70	2,662.06	2,653.87	
EPS(원)	808	562	2,709	1,667	65	1,627	476	427	178	
PER(배)	46.38	80.50	27.72	37.73	80.50	22.24	20.43	23.66	27.72	
BPS(원)	24,986	25,129	28,119	29,452	25,129	26,444	27,349	28,299	28,119	
PBR(배)	1.50	1.80	2.67	2.14	1.80	1.66	1.77	2.17	2.67	

② 넷마블

넷마블의 2017년부터 2020년(2020년은 예상치)까지의 최근 연간 실적과 최근 분기 실적을 나타낸 표이다.

최근 연간 실적에서 2020년 매출액이 최근 3년간의 기록 중 최고치이고, 영업이익과 당기순이익도 최근 2년보다 증가한 것으로 보아 실적이 좋다고 판단할 수 있다.

최근 3분기의 부채비율이 38.89퍼센트이고, 당좌비율은 102.79퍼센트, 유보율이 약 5만 8,405퍼센트로 아주 우수하므로 재무상태도 안정적이라고 볼 수 있다.

자료 2-43 넷마블

기업실적분석

주요재무정보	최근 연간 실적				최근 분기 실적					
	2017.12	2018.12	2019.12	2020.12(E)	2019.09	2019.12	2020.03	2020.06	2020.09	2020.12(E)
	IFRS 연결	IFRS 연결	IFRS 연결	IFRS 연결	IFRS 연결	IFRS 연결	IFRS 연결	IFRS 연결	IFRS 연결	IFRS 연결
매출액(억원)	24,248	20,213	21,787	25,385	6,199	5,550	5,329	6,857	6,423	6,775
영업이익(억원)	5,098	2,417	2,027	2,752	844	511	204	817	873	863
당기순이익(억원)	3,609	2,149	1,698	3,063	847	47	575	853	925	758
영업이익률(%)	21.02	11.96	9.30	10.84	13.62	9.21	3.84	11.92	13.60	12.73
순이익률(%)	14.88	10.63	7.79	12.07	13.67	0.85	10.78	12.43	14.40	11.19
ROE(%)	11.17	4.36	3.54	5.87	3.78	3.54	3.72	4.34	4.40	
부채비율(%)	19.76	19.37	24.91		23.99	24.91	37.13	38.98	38.89	
당좌비율(%)	581.75	396.67	384.40		404.20	384.40	104.03	93.80	102.79	
유보율(%)	52,277.81	54,071.11	55,922.53		55,964.40	55,922.53	56,545.27	57,424.03	58,405.15	
EPS(원)	3,898	2,226	1,823	3,223	924	-14	628	878	976	756
PER(배)	48.36	50.08	50.68	42.98	47.28	50.68	46.84	41.58	67.25	183.30
BPS(원)	50,935	52,199	54,473	60,724	55,193	54,473	57,764	61,563	62,399	60,724
PBR(배)	3.70	2.14	1.70	2.28	1.71	1.70	1.61	1.63	2.66	2.28

③ 덕산테코피아

덕산테코피아의 2017년부터 2020년(2020년은 예상치)까지의 최근 연간 실적과 최근 분기 실적을 나타낸 표이다.

최근 연간 실적에서 2020년 매출액이 2019년보다 증가했고, 영업이익과 당기순이익도 증가한 것으로 보아 실적이 좋다고 판단할 수 있다.

최근 3분기의 부채비율이 8.46퍼센트이고, 당좌비율은 578.39퍼센트, 유보율이 약 1,574퍼센트로 아주 우수하므로 재무상태도 안정적이라고 볼 수 있다.

자료 2-44 덕산테코피아

기업실적분석

주요재무정보	최근 연간 실적				최근 분기 실적					
	2017.12	2018.12	2019.12	2020.12(E)	2019.09	2019.12	2020.03	2020.06	2020.09	2020.12(E)
	IFRS 별도	IFRS 별도	IFRS 별도	IFRS 별도	IFRS 별도	IFRS 별도	IFRS 별도	IFRS 별도	IFRS 별도	IFRS 별도
매출액(억원)	798	709	618	776	137	181	188	175	187	
영업이익(억원)	266	246	134	145	25	23	32	44	30	
당기순이익(억원)	214	188	111	125	21	23	23	33	29	
영업이익률(%)	33.31	34.64	21.72	18.74	18.23	12.85	16.91	25.12	16.15	
순이익률(%)	26.82	26.48	18.00	16.10	15.63	12.71	12.41	19.02	15.73	
ROE(%)	67.38	36.08	10.78	8.26						
부채비율(%)	77.62	39.12	9.41		8.38	9.41	9.86	8.40	8.46	
당좌비율(%)	92.17	110.45	489.96		705.80	489.96	440.87	470.64	578.39	
유보율(%)	474.85	720.44	1,480.66		1,495.83	1,480.66	1,506.05	1,542.23	1,574.24	
EPS(원)	1,416	1,242	673	680	122	126	127	181	160	
PER(배)			28.46	27.27				21.83		
BPS(원)	2,830	4,058	7,900	8,606	7,976	7,900	8,027	8,209	8,347	
PBR(배)	-	-	2.42	2.16	2.62	2.42	1.38	1.48	2.06	

④ 한국카본

　　한국카본의 2017년부터 2020년(2020년은 예상치)까지의 최근 연간 실적과 최근 분기 실적을 나타낸 표이다.

　　최근 연간 실적에서 2020년 매출액이 최근 3년간의 기록 중 최고치이고, 영업이익과 당기순이익도 폭증한 것으로 보아 실적이 좋다고 판단할 수 있다.

　　최근 3분기의 부채비율이 27.47퍼센트이고, 당좌비율은 192.43퍼센트, 유보율이 약 1,632퍼센트로 우수하므로 재무상태도 안정적이라고 볼 수 있다.

기업실적분석

주요재무정보	최근 연간 실적				최근 분기 실적					
	2017.12	2018.12	2019.12	2020.12(E)	2019.09	2019.12	2020.03	2020.06	2020.09	2020.12(E)
	IFRS 연결	IFRS 연결	IFRS 연결	IFRS 연결	IFRS 연결	IFRS 연결	IFRS 연결	IFRS 연결	IFRS 연결	IFRS 연결
매출액(억원)	2,391	2,267	2,734	4,115	676	979	887	1,262	1,239	970
영업이익(억원)	58	62	253	641	27	183	126	245	259	140
당기순이익(억원)	7	-30	177	475	30	119	101	188	190	100
영업이익률(%)	2.44	2.72	9.25	15.58	3.97	18.70	14.21	19.39	20.89	14.43
순이익률(%)	0.31	-1.31	6.48	11.54	4.43	12.14	11.42	14.88	15.34	10.31
ROE(%)	0.24	-0.97	5.74	13.98	0.52	5.74	8.57	13.71	17.76	
부채비율(%)	18.08	18.57	27.14		25.03	27.14	30.04	28.66	27.47	
당좌비율(%)	377.94	193.11	148.19		135.43	148.19	151.89	158.69	192.43	
유보율(%)	1,395.07	1,380.33	1,421.00		1,369.14	1,421.00	1,444.54	1,525.25	1,632.07	
EPS(원)	17	-68	403	1,081	68	270	230	427	432	
PER(배)	316.65	-103.90	19.45	11.11	230.73	19.45	9.19	7.54	7.01	
BPS(원)	7,565	7,403	7,623	8,524	7,345	7,623	7,768	8,201	8,646	8,524
PBR(배)	0.71	0.95	1.03	1.41	1.14	1.03	0.72	0.92	1.10	1.41

⑤ 흥국

흥국의 2017년부터 2019년까지의 최근 연간 실적과 최근 분기 실적을 나타낸 표이다.

4분기 실적까지 확인해야 확실하겠지만 최근 분기 실적(2020년)에서 이러한 흐름이라면 매출액은 2019년보다 증가할 것으로 보이고, 영업이익과 당기순이익도 최근 4년 중에 가장 높은 수치를 기록할 것으로 예상할 수 있다. 따라서 실적이 좋다고 판단한다.

최근 3분기의 부채비율이 44.93퍼센트이고, 당좌비율은 202.49퍼센트, 유보율이 약 1,120퍼센트로 우수하므로 재무상태도 안정적이라고 볼 수 있다.

자료 2-46 흥국

기업실적분석

주요재무정보	최근 연간 실적				최근 분기 실적					
	2017.12	2018.12	2019.12	2020.12(E)	2019.09	2019.12	2020.03	2020.06	2020.09	2020.12(E)
	IFRS 연결	IFRS 연결	IFRS 연결	IFRS 연결	IFRS 연결	IFRS 연결	IFRS 연결	IFRS 연결	IFRS 연결	IFRS 연결
매출액(억원)	916	1,180	1,045		234	242	282	293	265	
영업이익(억원)	88	111	89		22	12	38	40	33	
당기순이익(억원)	70	83	70		17	14	29	32	29	
영업이익률(%)	9.63	9.44	8.51		9.48	5.00	13.43	13.69	12.58	
순이익률(%)	7.59	7.05	6.70		7.43	5.79	10.31	10.93	10.93	
ROE(%)	13.25	14.23	10.85		11.67	10.85	12.48	13.75	14.95	
부채비율(%)	41.23	43.27	36.85		31.20	36.85	49.02	46.51	44.93	
당좌비율(%)	117.45	137.81	150.50		202.88	150.50	164.99	183.38	202.49	
유보율(%)	1,708.39	910.70	1,004.35		976.60	1,004.35	1,021.49	1,073.49	1,120.55	
EPS(원)	564	675	568		141	114	236	260	235	
PER(배)	6.26	9.48	7.79		8.16	7.79	4.23	5.31	5.82	
BPS(원)	4,484	5,004	5,477		5,367	5,477	5,636	5,961	6,233	
PBR(배)	0.79	1.28	0.81		0.91	0.81	0.50	0.67	0.79	

매수하기 부적합한 기업

① 쌍용차

쌍용차의 2017년부터 2019년까지의 최근 연간 실적과 최근 분기 실적을 나타낸 표이다.

최근 분기 실적(2020년)에서 2020년 매출액이 3년간의 기록 중 가장 좋지 않고, 영업이익과 당기순이익의 적자폭도 사상 최대치일 것을 예상할 수 있다. 따라서 실적이 나쁘다고 판단한다.

최근 3분기의 부채비율이 약 1,627퍼센트가 넘고, 당좌비율은 약 30퍼센트도 되지 않는다. 유보율도 자본잠식으로 -87퍼센트가 넘는다. 재무상태가 매우 나쁘다.

기업실적분석

주요재무정보	최근 연간 실적				최근 분기 실적					
	2017.12	2018.12	2019.12	2020.12(E)	2019.09	2019.12	2020.03	2020.06	2020.09	2020.12(E)
	IFRS 연결	IFRS 연결	IFRS 연결	IFRS 연결	IFRS 연결	IFRS 연결	IFRS 연결	IFRS 연결	IFRS 연결	IFRS 연결
매출액(억원)	34,946	37,048	36,239		8,364	9,192	6,492	7,071	7,057	
영업이익(억원)	-653	-642	-2,819		-1,052	-998	-986	-1,171	-932	
당기순이익(억원)	-658	-618	-3,414		-1,079	-1,559	-1,935	-89	-1,024	
영업이익률(%)	-1.87	-1.73	-7.78		-12.57	-10.86	-15.19	-16.57	-13.21	
순이익률(%)	-1.88	-1.67	-9.42		-12.90	-16.96	-29.81	-1.25	-14.52	
ROE(%)	-8.29	-8.42	-62.27		-29.70	-62.27	-109.84	-107.70	-140.59	
부채비율(%)	190.01	218.14	400.89		285.51	400.89	755.65	819.62	1,627.74	
당좌비율(%)	42.40	34.41	27.50		23.49	27.50	15.61	35.14	23.43	
유보율(%)	12.08	0.20	-46.47		-25.87	-46.47	-72.30	-73.48	-87.15	
EPS(원)	-478	-448	-2,290		-720	-1,040	-1,292	-59	-684	
PER(배)	-10.72	-8.83	-0.91		-2.21	-0.91	-0.42	-1.03	-1.32	
BPS(원)	5,619	5,026	2,690		3,720	2,690	1,401	1,338	654	
PBR(배)	0.91	0.79	0.77		0.77	0.77	1.01	2.41	6.19	

② 아리온

아리온의 2017년부터 2019년까지의 최근 연간 실적과 최근 분기 실적을 나타 낸 표이다.

최근 분기 실적(2020년)에서 2020년 매출액이 3년간의 기록 중 가장 좋지 않 고, 영업이익과 당기순이익의 적자폭도 사상 최대치일 것을 예상할 수 있다. 따라 서 실적이 나쁘다고 판단한다.

최근 3분기의 부채비율이 약 200퍼센트가 넘고, 당좌비율은 약 90퍼센트도 되 지 않는다. 유보율도 자본잠식으로 -35퍼센트가 넘는다. 재무상태가 매우 나쁘다.

자료 2-48 아리온

기업실적분석

주요재무정보	최근 연간 실적				최근 분기 실적					
	2017.12	2018.12	2019.12	2020.12(E)	2019.09	2019.12	2020.03	2020.06	2020.09	2020.12(E)
	IFRS 연결	IFRS 연결	IFRS 연결	IFRS 연결	IFRS 연결	IFRS 연결	IFRS 연결	IFRS 연결	IFRS 연결	IFRS 연결
매출액(억원)	517	459	330		78	61	6	27	20	
영업이익(억원)	-95	-59	21		2	12	-37	-36	-44	
당기순이익(억원)	-214	-112	-75		-24	-36	-45	-45	-78	
영업이익률(%)	-18.27	-12.78	6.29		2.76	19.20	-660.65	-133.59	-219.39	
순이익률(%)	-41.43	-24.34	-22.71		-31.36	-59.34	-821.97	-165.54	-386.99	
ROE(%)	-73.83	-47.35	-34.27		-31.07	-34.27	-47.26	-68.76	-116.85	
부채비율(%)	199.89	204.00	348.02		289.98	348.02	454.42	472.15	219.15	
당좌비율(%)	52.82	99.74	49.40		49.63	49.40	72.46	76.20	83.96	
유보율(%)	44.76	39.54	4.71		23.47	4.71	-10.90	-0.66	-35.28	
EPS(원)	-22,347	-9,776	-6,233		-2,032	-3,010	-3,644	-3,457	-5,974	
PER(배)	-0.11	-0.26	-0.25		-8.06	-7.63	-1.04	-0.02	-0.02	
BPS(원)	21,736	20,931	15,705		18,521	15,705	13,363	14,899	9,717	
PBR(배)	0.12	0.12	0.10		0.10	0.10	0.02	0.02	0.03	

③ 이큐셀

이큐셀의 2018년부터 2019년까지의 최근 연간 실적과 최근 분기 실적을 나타 낸 표이다.

최근 분기 실적(2020년)에서 2020년 매출액이 3년간의 기록 중 가장 좋지 않 고, 영업이익과 당기순이익의 적자폭도 상당히 좋지 않을 것을 예상할 수 있다. 따 라서 실적이 나쁘다고 판단한다.

최근 3분기의 부채비율이 약 1,800퍼센트에 가깝고, 당좌비율은 약 70퍼센트도 되지 않는다. 유보율도 자본잠식으로 -84퍼센트가 넘는다. 재무상태가 매우 나쁘다.

기업실적분석

주요재무정보	최근 연간 실적				최근 분기 실적					
	2018.12	2019.12	2020.06	2021.06(E)	2019.12	2020.03	2020.06	2020.09	2020.12	2021.03(E)
	IFRS 연결	IFRS 연결	IFRS 연결	IFRS 연결	IFRS 연결	IFRS 연결	IFRS 연결	IFRS 연결	IFRS 연결	IFRS 연결
매출액(억원)	1,127	1,019	219		310	101	118	58	71	
영업이익(억원)	49	-249	-27		-99	-16	-11	-45	-2	
당기순이익(억원)	52	-347	-89		-182	-27	-61	-35	-10	
영업이익률(%)	4.38	-24.41	-12.21		-32.04	-15.44	-9.45	-77.61	-3.24	
순이익률(%)	4.61	-34.10	-40.54		-58.61	-27.08	-52.03	-60.43	-14.10	
ROE(%)	14.11	-134.31	-63.45		-134.31	-149.09	-166.23	-122.28	-160.91	
부채비율(%)	135.51	452.60	300.19		452.60	354.94	300.19	342.62	1,791.00	
당좌비율(%)	86.13	59.53	62.13		59.53	46.21	62.13	58.10	68.31	
유보율(%)	555.57	13.28	-43.30		13.28	10.79	-43.30	-58.22	-84.59	
EPS(원)	2,236	-13,403	-2,931		-6,049	-907	-2,018	-579	-166	
PER(배)	1.30	-0.13	-0.11		-1.28	-0.22	-0.25	-0.38	-1.05	
BPS(원)	15,975	4,910	2,242		4,910	4,789	2,242	1,653	336	
PBR(배)	0.18	0.35	0.14		3.49	0.65	1.38	1.88	9.22	

④ 세동

세동의 2017년부터 2019년까지의 최근 연간 실적과 최근 분기 실적을 나타낸 표이다.

최근 분기 실적(2020년)에서 2020년 매출액이 3년간의 기록 중 가장 좋지 않고, 영업이익과 당기순이익의 적자폭도 상당하여 실적이 나쁘다고 판단한다.

최근 3분기의 부채비율이 약 5,200퍼센트가 넘고, 당좌비율이 약 25퍼센트도 되지 않는다. 유보율도 자본잠식으로 -160퍼센트가 넘는다. 재무상태가 매우 나쁘다.

기업실적분석

주요재무정보	최근 연간 실적				최근 분기 실적					
	2017.12	2018.12	2019.12	2020.12(E)	2019.09	2019.12	2020.03	2020.06	2020.09	2020.12(E)
	IFRS 연결	IFRS 연결	IFRS 연결	IFRS 연결	IFRS 연결	IFRS 연결	IFRS 연결	IFRS 연결	IFRS 연결	IFRS 연결
매출액(억원)	1,193	1,408	1,473		359	349	297	231	304	
영업이익(억원)	-57	-24	-12		6	-26	-19	-33	-	
당기순이익(억원)	-78	-42	-22		-8	2	-44	-58	-13	
영업이익률(%)	-4.80	-1.68	-0.81		1.76	-7.50	-6.24	-14.36	-0.07	
순이익률(%)	-6.52	-2.97	-1.52		-2.13	0.46	-14.68	-25.18	-4.35	
ROE(%)	-38.80	-19.65	-11.04		-11.45	-11.04	-40.44	-94.03	-107.83	
부채비율(%)	449.69	472.71	545.21		547.31	545.21	663.73	3,064.92	5,241.80	
당좌비율(%)	35.55	36.15	34.13		37.08	34.13	32.61	19.28	23.83	
유보율(%)	77.64	23.38	-1.24		-5.39	-1.24	-40.77	-163.70	-163.46	
EPS(원)	-845	-418	-210		-71	15	-407	-543	-123	
PER(배)	-2.36	-2.71	-7.62		-8.46	-7.61	-1.44	-1.13	-0.59	
BPS(원)	2,118	2,030	1,767		1,777	1,767	1,457	304	186	
PBR(배)	0.94	0.56	0.90		0.90	0.90	0.72	3.74	6.22	

⑤ 한프

한프의 2017년부터 2019년까지의 최근 연간 실적과 최근 분기 실적을 나타낸 표이다.

최근 분기 실적(2020년)에서 2020년 매출액이 3년간의 기록 중 가장 좋지 않고, 영업이익과 당기순이익의 적자폭도 상당하여 실적이 나쁘다고 판단한다.

최근 3분기의 부채비율이 약 135퍼센트를 넘고, 당좌비율은 약 6퍼센트도 되지 않는다. 유보율도 자본잠식으로 -21퍼센트가 넘는다. 재무상태가 매우 나쁘다.

자료 2-51 한프

기업실적분석

주요재무정보	최근 연간 실적				최근 분기 실적					
	2017.12	2018.12	2019.12	2020.12(E)	2019.09	2019.12	2020.03	2020.06	2020.09	2020.12(E)
	IFRS 연결	IFRS 연결	IFRS 연결	IFRS 연결	IFRS 연결	IFRS 연결	IFRS 연결	IFRS 연결	IFRS 연결	IFRS 연결
매출액(억원)	142	98	45		10	14	9	4	5	
영업이익(억원)	-61	-157	-94		-28	-26	-23	-7	-6	
당기순이익(억원)	-130	-295	-188		-61	-70	-15	-20	-7	
영업이익률(%)	-43.09	-159.47	-207.81		-280.45	-191.32	-270.37	-174.62	-112.67	
순이익률(%)	-91.55	-300.40	-417.94		-608.74	-512.58	-180.81	-470.20	-134.64	
ROE(%)	-28.52	-76.10	-62.79		-76.46	-62.79	-54.86	-64.55	-41.14	
부채비율(%)	94.07	114.30	231.16		133.47	231.16	142.58	232.53	135.94	
당좌비율(%)	62.74	28.59	112.27		78.53	112.27	18.29	12.30	5.53	
유보율(%)	171.67	39.19	19.36		16.06	19.36	-12.76	-56.89	-21.79	
EPS(원)	-442	-749	-368		-115	-132	-29	-38	-14	
PER(배)	-4.65	-1.74	-2.09		-1.28	-2.09	-1.53	-1.53	-2.26	
BPS(원)	1,433	694	544		578	544	506	284	460	
PBR(배)	1.43	1.87	1.42		1.32	1.42	0.99	1.69	1.04	

저평가된 알짜 주식을 찾는 방법

4단계

Q 주식이 저평가되어 있다는 것은 무엇을 통해서 확인할 수 있나요?

A 주식이 저평가되어 있는지 확인하려면 'PER'과 'PBR' 지표를 봅니다. PER 값이 10 이하면 저평가되었다고 말할 수 있는데, 단순히 10이라는 값보다는 동일업종의 평균 PER 값과 비교하여 작다면 저평가, 크다면 고평가되었다고 판단하는 것이 좋습니다. PBR 값이 1 이하면 저평가, 1을 넘으면 고평가라고 하지만 마찬가지로 동일업종의 평균 PBR보다 작으면 저평가, 크면 고평가라고 보는 것이 타당합니다.

저평가된 주식 찾기, 3가지만 기억하자

주식은 싸게 사서 비싸게 팔아 수익을 내는 재테크다. 그렇게 하려면 현재의 가치에 비해 싼 주식을 사서 후에 비싸게 팔아야 한다. 그러면 주식을 매수할 때 현재 주가에 기업의 가치가 얼만큼 반영되었는지를 어떻게 판단할 수 있을까?

예를 들어 삼성전자가 사상 최대의 실적을 기록하고 있다. 그때 삼성전자 주가는 8만 원이다. 다시 삼성전자가 신고가를 기록했고 주가는 20만 원으로 올랐다. 주식투자자들은 삼성전자 주식을 매수할까? 매수하지 않을 것이다. '고평가'되어 있다고 생각하기 때문이다. 반대로 주식을 보유하고 있는 투자자들은 매도에 나설 것이다. 손해를 보더라도 하한가에 매도 주문을 낼 것이다. 20만 원의 하한가인 14만 원에라도 매도하거나, 그때 팔리지 않으면 다시 하한가인 9만 8,000원에라도 팔려고 할 것이다. 그래도 기준 가격 8만 원보다는 높기 때문이다.

삼성전자의 주가가 1만 원이라면 어떨까? 주식투자자들이 삼성전자 주식을 매수할까? 매수할 것이다. '저평가'되어 있다고 생각하기 때문이다. 상한가에라도 매수 주문을 낼 것이다. 기준 가격 8만 원까지는 충분히 오를 수 있을 것이라는 판단을 하기 때문이다.

그러나 앞서 두 사례는 적절하지 못한 판단이다. 어떤 기업의 현재 주가에 대해 저평가, 고평가를 판단할 때는 적합한 지표를 이용하여 평가해야 하기 때문이다.

현재의 주가가 저평가된 것인지 또는 고평가된 것인지를 살피려면 PER, PBR 값을 확인하고 덤으로 ROE 값을 본다.

PER

PER^Price Earning Ratio은 주가를 주당순이익으로 나눈 수익성 지표이다.

주가수익비율이라고도 한다. 기업의 주식 1주가 기업 순이익의 몇 배인지를 확인한다. 기업이 벌어들이는 이익과 비교하여 주가가 높은 것인지 낮은 것인지를 판단할 수 있다. 즉, 해당 기업의 주가가 기업의 가치에 비해 높은지 낮은지를 평가한다. PER 값이 크면 회사의 이익보다 주가가 높다는 의미이고, PER 값이 낮으면 회사의 이익보다 주가가 낮다는 의미이다. PER 값이 낮을수록 기업의 현재 가치보다 저평가되어 있다는 뜻이기 때문에 추후 주가가 더 상승할 가능성이 크다. PER 값을 동일업종끼리 비교하면 더욱더 효과적인 판단이 가능하다.

$$PER = \frac{주가}{주당순이익}$$

PER 값으로 기업이 투자한 돈을 몇 년 안에 회수할 수 있는지를 판단할 수도 있다. 만약 PER 값이 5라면, 자본을 투자해서 투자원금을 회수하는 데 5년 걸린다는 뜻이고, PER 값이 50이라면 투자원금을 회수하는 데 50년이 걸린다는 뜻이다.

PER이 10 이하일 때 '저평가', 5일 때는 '매우 저평가', 50이면 '고평가'라고 판단한다. 그러나 PER 값이 단순히 10 이하면 저평가이고, 50을 넘으면 고평가라고 판단하는 것보다는 업종별 평균 PER 값을 기준으로 평균 PER보다 낮으면 저평가, 높으면 고평가라고 판단하는 것이 훨씬 타당하다.

성장이 기대되는 '저低PER주'는 아주 좋다. 우리 목표는 이런 주식을 발굴해서 매수하는 것이다.

상장회사의 PER 값은 MTS에서 확인한다. 동일업종별 평균 PER은 네이버금융에서 확인할 수 있다.

PBR

PBR^{Price Book-value Ratio}은 주가를 주당순자산가치로 나눈 값이다. 주가순자산비율이라고도 한다. 기업의 주식 1주가 기업 순자산의 몇 배인지를 확인한다. 기업이 보유한 순자산과 비교하여 주가가 높은 것인지 낮은 것인지를 판단할 수 있다. 기업에 부도가 났을 때 주주에게 얼마만큼 결과가 남는지를 알 수 있다. 기업 재무내용을 바탕으로 주가를 평가하여 안정성을 따진다. PBR 값이 1 미만이면 회사의 자산가치보다 주가가 낮다는 의미이다.

$$PBR = \frac{주가}{주당순자산}$$

더 구체적으로 PBR 값이 3이라면 '고평가' 상태, PBR 값이 0.5라면 '저평가' 상태라고 판단한다. PBR 값 역시 동일업종별로 비교하여 상대적으로 과소, 과대평가되었는지를 살핀다.

주가가 상승하면 상승할수록 PER, PBR 값도 오른다. 주가가 하락하면 하락할수록 PER, PBR 값은 낮아진다. 단기 투자에서는 주가가 하락해서 PER, PBR 값이 낮아지는 것보다는 주가가 상승하면서 PER, PBR

값이 오르는 게 좋다. 주가의 상승 추세가 중요하게 작용하기 때문이다. 그러나 주가가 싸다고 무조건 좋다고 할 수 없고, 주가가 비싸다고 무조건 나쁘다고 할 수도 없다.

ROE

ROE^{Return on Equity}는 자기자본이익률로, 기업이 투입한 자본을 효율적으로 사용하여 얼마의 이익을 내고 있는지를 확인한다. 즉 기업이 자기 자본을 활용해서 1년간 얼마를 벌었는지를 알 수 있다. ROE값이 높을수록 투자에 유리하다.

$$ROE = \frac{당기순이익}{자기자본} \times 100$$

만약 자기자본 1억 원을 가지고 당기순이익 1,000만 원을 기록했다면 ROE는 10퍼센트가 되고, 자기자본 1억 원을 가지고 당기순이익 100만 원을 기록했다면 ROE는 1퍼센트가 된다.

ROE 값이 높으면 경영 활동으로 당기순이익이 늘었다는 의미이다. ROE는 일반적으로 시중 금리와 비교하는데, 시중 금리보다 값이 높아야 투자 가치가 있다고 판단한다. ROE 값이 회사채 수익률보다 높으면 좋다. 2021년 1월 기준 BBB등급 1년 회사채 수익률이 4퍼센트 초반이기 때문에 ROE가 5퍼센트 이상이면 투자에 적합한 종목이다.

만도의 PER, PBR을 확인하는 방법

편리한 MTS

MTS를 통해 만도의 연간 PER, PBR 값을 확인할 수 있다. 2019년 말 PER 값은 15, PBR 값은 1.1로 상당히 양호한 편이다.

자료 2-52 **만도 MTS-PER, PBR**

실용적인 네이버금융

네이버금융의 기업실적분석을 통해 만도의 PER, PBR 값을 확인할 수 있다.

기업실적분석

주요재무정보	최근 연간 실적				최근 분기 실적					
	2018.12	2019.12	2020.12	2021.12(E)	2019.12	2020.03	2020.06	2020.09	2020.12	2021.03(E)
	IFRS 연결	IFRS 연결	IFRS 연결	IFRS 연결	IFRS 연결	IFRS 연결	IFRS 연결	IFRS 연결	IFRS 연결	IFRS 연결
매출액(억원)	56,648	59,819	55,635	63,427	16,361	13,101	10,134	15,015	17,385	14,634
영업이익(억원)	1,974	2,186	887	3,209	643	185	-759	656	804	703
당기순이익(억원)	1,129	1,182	139	2,184	145	95	-1,119	392	770	444
영업이익률(%)	3.48	3.65	1.59	5.06	3.93	1.41	-7.49	4.37	4.63	4.80
순이익률(%)	1.99	1.98	0.25	3.44	0.89	0.73	-11.04	2.61	4.43	3.04
ROE(%)	7.64	7.55	0.37	12.34	7.55	6.84	-2.87	-3.52	0.37	
부채비율(%)	199.46	189.83	188.86		189.83	188.56	206.34	188.20	188.86	
당좌비율(%)	90.05	100.77	102.56		100.77	101.61	118.72	104.56	102.56	
유보율(%)	2,732.44	2,888.54	2,819.81		2,888.54	2,846.06	2,603.92	2,678.54	2,819.81	
EPS(원)	2,250	2,354	123	4,462	247	177	-2,392	785	1,552	946
PER(배)	12.87	14.96	476.93	14.77	14.96	9.53	-25.35	-30.18	476.93	69.68
BPS(원)	30,236	32,284	34,970	37,538	32,284	32,859	30,019	34,515	34,970	
PBR(배)	0.96	1.09	1.68	1.76	1.09	0.63	0.74	1.03	1.68	

와이아이케이의 PER, PBR을 확인하는 방법

편리한 MTS

MTS 시스템을 통해 와이아이케이의 연간 PER, PBR 값을 확인할 수 있다. 2019년 당기순이익이 적자 전환했기 때문에 PER 값이 −18.88이다. 결과적으로 이 주식은 상당히 고평가되어 있다고 볼 수 있다. PBR 값도 2.1로 약간 고평가되어 있다. PER, PBR 값이 동일업종과 비교했을 때 어떤지도 꼭 살펴보는 것이 필요하다.

자료 2-54 와이아이케이 MTS-PER, PBR

항목	< 2018/12	2019/12	전년대비 >
EPS	498.8	-177.45	-135.6%
BPS	1,758.7	1,593.4	-9.4%
CPS	716.4	-47.62	-106.7%
SPS	3,935.4	808.9	-79.4%
수정DPS	0.0	0.0	
현금배당성향(%)	0.0	0.0	0.0%
현금배당수익률	0.0	0.0	0.0%
PER	5.4	-18.88	-449.4%
PBR	1.5	2.1	37.2%
PCR	3.8	-70.35	-1,970.1%
PSR	0.7	4.1	504.7%
EV/EBITDA	3.8	-459.08	-12,298.1%

검색창: 와이아이케이 / 매수 / 매도

기업개요 기업현황 재무분석 투자지표

와이아이케이 232140 | 반도체 | 업종PER 26.4

EPS -177 | BPS 1,593.4 | PER -38.4 | PBR 4.3

주재무제표 연간 분기 차트보기

실용적인 네이버금융

네이버금융의 기업실적분석을 통해 와이아이케이의 PER, PBR 값을
확인할 수 있다.

자료 2-55 와이아이케이 MTS-PER, PBR

기업실적분석

주요재무정보	최근 연간 실적				최근 분기 실적					
	2017.12	2018.12	2019.12	2020.12(E)	2019.09	2019.12	2020.03	2020.06	2020.09	2020.12(E)
	IFRS 연결	IFRS 연결	IFRS 연결	IFRS 연결	IFRS 연결	IFRS 연결	IFRS 연결	IFRS 연결	IFRS 연결	IFRS 연결
매출액(억원)	1,505	2,432	500		83	203	339	463	393	
영업이익(억원)	194	329	-118		-40	-25	35	70	51	
당기순이익(억원)	144	296	-107		-41	-12	37	49	42	
영업이익률(%)	12.86	13.55	-23.57		-48.13	-12.52	10.36	15.14	13.05	
순이익률(%)	9.56	12.16	-21.41		-49.99	-6.12	11.04	10.62	10.70	
ROE(%)	23.73	32.60	-10.66		-9.68	-10.66	-4.90	1.12	5.90	
부채비율(%)	64.27	63.55	84.25		73.21	84.25	79.10	76.41	52.24	
당좌비율(%)	44.96	313.76	96.66		185.84	96.66	104.47	117.50	181.72	
유보율(%)	1,139.57	1,642.67	1,469.88		1,466.24	1,469.88	1,588.65	1,643.61	2,249.15	
EPS(원)	236	499	-177		-66	-25	49	59	45	
PER(배)	30.83	5.40	-18.88		-15.16	-18.88	-28.17	202.69	39.22	
BPS(원)	1,311	1,759	1,593		1,641	1,593	1,700	1,785	2,395	
PBR(배)	5.56	1.53	2.10		1.55	2.10	1.40	2.21	2.15	

Mentor's Tip!

저PER주는 항상 옳을까?

PER 값이 낮은 저PER주가 좋은 것은 사실이다. 그러나 단기 투자를 할 때 저 PER주인지 고민할 필요는 없다. 보통 주가가 상승하면 PER 값도 같이 오르는데, 여전히 저PER주라면 시장에서 주목받지 못하는 기업일 가능성이 높기 때문이다. 그러나 장기 투자 시에는 저PER주 여부를 적극적으로 고민해야 한다. 오를 가능성 이 있는 저평가된 저PER주라면 투자할 가치가 있다.

① LG화학

2020년 3분기 기준, LG화학의 PER 값은 61.10배, PBR 값은 2.76배, ROE는 4.74퍼센트이다. LG화학의 PER는 61.10배이고, 동일업종 PER 는 45.69배로 확인되었는데, LG화학은 동일업종대비 조금 높게 평가되 었다고 할 수 있다.

자료 2-56 **LG화학 네이버금융-PER, PBR, ROE**

기업실적분석

주요재무정보	최근 연간 실적				최근 분기 실적					
	2018.12	2019.12	2020.12	2021.12(E)	2019.12	2020.03	2020.06	2020.09	2020.12	2021.03(E)
	IFRS 연결	IFRS 연결	IFRS 연결	IFRS 연결	IFRS 연결	IFRS 연결	IFRS 연결	IFRS 연결	IFRS 연결	IFRS 연결
매출액(억원)	281,830	273,531	300,765	392,928	61,893	71,157	69,352	75,073	89,049	92,580
영업이익(억원)	22,461	8,254	17,982	36,631	-977	2,365	5,716	9,021	1,186	8,564
당기순이익(억원)	15,193	3,761	6,824	24,216	-568	363	4,191	5,704	-3,434	5,826
영업이익률(%)	7.97	3.02	5.98	9.32	-1.58	3.32	8.24	12.02	1.33	9.25
순이익률(%)	5.39	1.38	2.27	6.16	-0.92	0.51	6.04	7.60	-3.86	6.29
ROE(%)	8.86	1.84	2.93	11.76	1.84	0.83	2.64	4.74	2.93	
부채비율(%)	67.09	95.73	120.27		95.73	113.14	116.21	112.63	120.27	
당좌비율(%)	107.19	76.23	80.65		76.23	87.54	86.01	87.82	80.65	
유보율(%)	4,412.01	4,362.05	4,565.03		4,362.05	4,327.98	4,424.86	4,592.14	4,565.03	
EPS(원)	18,812	4,003	6,549	28,201	-993	269	4,883	6,544	-5,148	7,002
PER(배)	18.45	79.31	125.83	31.60	79.31	170.60	84.55	61.10	125.83	127.25
BPS(원)	222,980	221,961	235,460	254,586	221,961	221,970	226,690	237,125	235,460	
PBR(배)	1.56	1.43	3.50	3.50	1.43	1.37	2.16	2.76	3.50	

② 녹십자

2020년 3분기 기준, 녹십자의 PER 값은 59.42배, PBR 값은 2.30배,

기업실적분석

주요재무정보	최근 연간 실적				최근 분기 실적					
	2017.12	2018.12	2019.12	2020.12(E)	2019.09	2019.12	2020.03	2020.06	2020.09	2020.12(E)
	IFRS 연결	IFRS 연결	IFRS 연결	IFRS 연결	IFRS 연결	IFRS 연결	IFRS 연결	IFRS 연결	IFRS 연결	IFRS 연결
매출액(억원)	12,879	13,349	13,697	14,991	3,697	3,536	3,078	3,600	4,196	4,117
영업이익(억원)	903	502	403	836	366	-173	61	156	507	111
당기순이익(억원)	567	342	-113	1,000	224	-246	-40	139	634	195
영업이익률(%)	7.01	3.76	2.94	5.58	9.89	-4.90	1.99	4.34	12.09	2.70
순이익률(%)	4.40	2.57	-0.82	6.67	6.07	-6.96	-1.31	3.85	15.11	4.74
ROE(%)	5.24	3.28	-0.34	7.72	1.63	-0.34	-1.24	0.57	4.01	
부채비율(%)	53.65	53.03	65.47		65.63	65.47	67.45	74.03	70.78	
당좌비율(%)	209.68	163.53	127.58		133.78	127.58	110.45	90.03	102.07	
유보율(%)	1,714.50	1,760.95	1,737.88		1,773.66	1,737.88	1,709.84	1,726.20	1,829.07	
EPS(원)	4,556	2,946	-311	7,154	1,996	-1,945	-370	830	5,213	2,511
PER(배)	49.60	46.16	-425.69	63.33	76.18	-425.69	-124.77	289.47	59.42	180.37
BPS(원)	91,141	92,841	91,888	97,944	93,923	91,888	90,031	91,049	96,302	97,944
PBR(배)	2.48	1.46	1.44	4.63	1.21	1.44	1.53	1.63	2.30	4.63

ROE는 4.01퍼센트로 동일업종대비 양호한 편이다.

녹십자의 PER은 111.45배이고, 동일업종 PER은 106.93배인 것을 확인

할 수 있다. 녹십자는 동일업종과 대비하여 조금 높게 평가되었다고 할
수 있다.

③ 수산중공업

2020년 3분기 기준, 수산중공업의 PER 값은 약 1,582배, PBR 값은
0.84배, ROE 값은 0.06퍼센트로 PBR을 제외하고는 동일업종대비 불량
한 편이라 판단할 수 있다.

수산중공업의 PER는 약 1,582배이고, 동일업종 PER는 −40.40배로 확
인되었다. 수산중공업은 동일업종대비 조금 낮게 평가되었다고 할 수
있다. 그러나 PER 값이 1,000을 넘으면 기업 실적에 비해 주가가 엄청나

자료 2-59 수산중공업 네이버금융-PER, PBR, ROE

기업실적분석

주요재무정보	최근 연간 실적				최근 분기 실적					
	2017.12	2018.12	2019.12	2020.12(E)	2019.09	2019.12	2020.03	2020.06	2020.09	2020.12(E)
	IFRS 연결	IFRS 연결	IFRS 연결	IFRS 연결	IFRS 연결	IFRS 연결	IFRS 연결	IFRS 연결	IFRS 연결	IFRS 연결
매출액(억원)	1,019	846	1,578		384	405	344	354	306	
영업이익(억원)	33	4	72		12	4	26	29	7	
당기순이익(억원)	29	67	1		3	-27	28	-1	-	
영업이익률(%)	3.24	0.50	4.59		3.17	0.97	7.53	8.20	2.42	
순이익률(%)	2.84	7.86	0.09		0.71	-6.78	8.24	-0.22	0.14	
ROE(%)	3.15	6.95	0.15		8.06	0.15	1.60	0.28	0.06	
부채비율(%)	19.54	107.03	82.51		89.16	82.51	96.23	89.08	83.87	
당좌비율(%)	228.89	86.74	74.71		103.08	74.71	76.91	64.64	63.82	
유보율(%)	244.70	268.25	271.99		278.83	271.99	280.49	279.59	279.75	
EPS(원)	54	123	3		5	-51	53	-1	1	
PER(배)	26.30	13.39	939.72		10.41	939.72	39.75	303.95	1,582.17	
BPS(원)	1,796	1,924	1,951		2,003	1,951	2,005	2,000	2,001	
PBR(배)	0.78	0.86	1.30		0.77	1.30	0.60	0.80	0.84	

게 고평가되어 있는 것이므로 주식을 매수할 때 주의하는 것이 좋다.

④ 삼성전기

자료 2-60 삼성전기 MTS-PER, PBR

자료 2-61 삼성전기 MTS-ROE

Q 삼성전기		매수	매도

기업개요　기업현황　재무분석　**투자지표**

삼성전기 009150 | 전기전자 | 업종PER 47.8

EPS 6,627 | BPS 69,956.8 | PER 31.3 | PBR 3.0

주재무제표 ⌄		연간	분기	차트보기

항목	2018/12	2019/12	전년대비
EPS	8,456.6	6,627.5	-21.6%
BPS	63,815.0	69,956.8	9.6%
CPS	20,085.8	13,160.6	-34.5%
SPS	103,117.8	103,617.9	0.5%
수정DPS	1,000.0	1,100.0	10.0%
현금배당성향	11.5	16.2	4.7%
현금배당률	1.0	0.9	-0.1%
PER	12.2	18.9	54.1%
PBR	1.6	1.8	10.2%
PCR	5.2	9.5	84.3%
PSR	1.0	1.2	20.2%
EV/EBITDA	4.8	6.6	37.0%

수익성			(%/%p)
항목	2018/12	2019/12	전년대비
매출총이익률	31.1	25.5	-5.6%
영업이익률	14.4	9.1	-5.2%
순이익률	8.6	6.6	-2.0%
EBITDA마진율	23.6	20.1	-3.5%
ROE	14.5	10.2	-4.3%
ROA	8.3	6.1	-2.3%
ROIC	14.1	9.6	-4.5%

자료 2-62 삼성전기 네이버금융-동일업종 PER 값 비교

MTS의 자료를 통해 확인한 2019년 말 삼성전기의 PER 값은 18.9배, PBR 값은 1.8배, ROE는 10.2퍼센트이다.

2021년 기준으로 삼성전기의 PER은 41.28배이고, 동일업종 PER은 64.24배인 것을 확인할 수 있다. 삼성전기는 동일업종과 대비하여 저평가되었다고 할 수 있다.

Mentor's Tip!

회사채 등급이란?

기업이 설비나 운영상의 이유로 자금 조달이 필요할 때 채권을 발행하여 돈을 모으기도 한다. 채권은 주식과 달리 원금을 상환해야 한다.

기업이 회사채를 발행하고 원금을 갚는 능력에 따라 신용평가기관이 신용등급을 매긴다. 기업의 경영 상황에 따라 원금 상환에 차이가 있음을 투자자에게 알리는 것이다.

등급	등급의 의미
AAA	원리금 상환능력이 최상급임
AA	원리금 상환능력이 매우 우수하나 AAA의 채권보다는 떨어짐
A	원리금 상환능력은 우수하지만, 상위 등급보다 경제 상황에 따른 영향을 받기 쉬움
BBB	원리금 상환능력은 양호하지만, 상위 등급보다 경제 상황에 따른 미래 원리금의 상환능력이 저하될 가능성이 있음
BB	원리금 상환능력이 당장은 문제가 되지 않지만, 미래 기업 안전에 대해서는 단언할 수 없는 투기적인 요소가 있음
B	원리금 상환능력이 없고, 투기적인 성격으로 불황 시에 이자 지급을 확신할 수 없음

CCC	원리금 상환능력에 관하여 현재에도 불안요소가 존재하고 채무불이행의 위험이 있음. 매우 투기적임
CC	상위 등급과 비교했을 때 불안요소가 더욱 큼
C	채무불이행의 위험성이 높고 원리금 상환능력이 없음
D	상환 불능 상태임

주식수, 대주주지분, 임원스펙도 확인하라

5단계

Q '발행주식수'와 '유동주식수'가 투자에 영향을 미칠까요?

A 발행주식수와 유동주식수가 적은 종목들은 한 번 상승할 때 강하게 상승하는 경향이 있습니다. 그러나 반대로 하락할 때 역시 강하게 하락하는 경향이 있습니다. 주식의 유동물량이 너무 적다면 매수와 매도를 할 때 어려움을 겪을 수 있습니다. 일평균 거래량이 최소 10만 주 이상 되는 종목을 매매하길 바랍니다.

주식을 매수할 때 투자자마다 판단 기준이 있다. 필자의 경우 주식수가 많은 것보다는 주식수가 적은 종목을 선호한다. 발행주식수가 5,000만 주인 주식보다는 2,000만 주인 주식, 그보다도 적은 1,000만 주 이하인 회사의 주식을 선호한다. 주가의 변동성이 크기 때문이고, 실적과 재무상태가 좋은 상태에서 주식수도 적다면 주가가 상승 탄력을 받기에도 좋기 때문이다. 주식투자에서는 개인의 선호도에 따라 투자 성향이 크게 달라진다.

주가가 많이 상승한 SK하이닉스는 약 7억 2,000만 주, 현대차는 2억 1,000만 주, HMM은 약 3억 2,000만 주, 삼성전자는 59억 주에 이르기도 한다. 지수가 상승하는 시기에 이런 대형주들은 특히 지수 관련주로써 관심을 가져야 한다. 반면에 주가지수가 많이 상승하여 조정을 거칠 때, 즉 코스피나 코스닥 지수가 횡보하거나 하락할 때는 이러한 대형주—지수 관련주보다 지수에 영향을 받지 않는 중소형 개별주, 주식수 1,000만 주 이하인 종목에도 관심을 가져보는 것이 바람직하다.

일평균 거래량이 보장되는 주식을 거래한다

발행주식수

발행주식수가 적을수록 유동물량이 적으므로 변동성이 크기 때문에 매매차익에 따른 이득을 생각해볼 수도 있을 것이다. 그러나 유동물량이 너무 적은 주식은 차후 적절한 가격에 매수하거나 매도하기 어려울지 모른다. 투자를 할 때는 일평균 거래량이 10만 주 이상인 주식을 매수해야만 팔고 싶을 때 팔 수 있고, 사고 싶을 때 살 수 있다.

거래량이 많지 않은 종목은 각 호가의 양도 많지 않다. 매수 또는 매도 주문을 낼 수 있는 주식수가 충분하지 못하다는 의미이다. 예시처럼 현

매도호가 1: 9,000원 100주	9,000원: 100주
매도호가 2: 9,100원 200주	9,100원: 200주
매도호가 3: 9,200원 300주 → 매수	9,200원: 300주
매도호가 4: 9,300원 400주	+ 9,300원: 400주
매도호가 5: 9,400원 500주	= 총 1,000주

재가 9,000원인 주식의 매도호가가 있다고 가정했을 때, 거래량이 많은 종목 1,000주를 사고자 한다면 9,000원에 매수할 수 있지만, 거래량이 많지 않은 종목 1,000주를 매수하려면 시세를 매수자가 만드는 모양이 된다.

시가총액

시가총액이란 주식시장에서 그 회사가 평가받는 주식의 가치다. 발행주식수에 주가를 곱하여 계산하는데, 아주 간단하게 말해서, 시가총액만큼의 자금을 가졌다면 해당 기업을 매수할 수 있다.

$$시가총액 = 발행주식수 \times 주가$$

삼성전자의 주가는 8만 1,600원이고, LG화학의 주가는 96만 원이다. 주가로만 놓고 보면 LG화학이 삼성전자보다 더 좋은 주식처럼 보인다. 그러나 각 회사의 평가는 주가가 아닌 '시가총액'으로 한다.

삼성전자 시가총액: 81,600원 × 약 59억 주 = 약 480조 원

LG화학 시가총액: 96만 원 × 약 7,000만 주 = 약 67조 원

시가총액으로 판단하면 삼성전자가 LG화학보다 약 7배 정도 규모가 더 크다고 평가할 수 있다.

기업의 방향성을 결정하는 대주주지분에 주목한다

코스피에서는 상장기업의 지분율 1퍼센트를 보유하면 대주주라 하고, 코스닥에서는 상장기업의 지분율 2퍼센트를 보유하면 대주주라 한다. 하지만 여기서 이야기하는 대주주지분이란 MTS나 HTS에서 쉽게 확인할 수 있는 '주요주주의 합(자사주 포함)'이다. 보통 대주주지분은 변동이 크지 않은 성향을 띤다. 대주주지분이 10퍼센트도 되지 않는 기업의 실적과 재무상태는 대부분 좋지 않은 편이다. 당연히 주가도 낮다.

대주주지분 비율도 투자자 선호도에 따라 달라진다. 기업의 방향성을 책임질 수 있는 주인이 있다고 생각하기 때문에 지분율 20퍼센트 이상인 주식을 추천한다. 대주주지분이 10퍼센트 미만이면 비율이 너무 낮아서 기업이 위기에 처했을 때 운영방향에 대한 의사결정권이 불리할 수 있다.

반대로 대주주지분이 80퍼센트 이상으로 과하면 유동물량이 적어져서 유동성이 떨어진다. 예를 들어 발행주식수가 1,000만 주라고 할 때, 대주주지분이 20퍼센트면 나머지 80퍼센트인 800만 주가 유동물량이 된다. 대주주지분이 80퍼센트면 나머지 20퍼센트인 200만 주가 유동물량이 된

다. 대주주지분이 클수록 유동물량은 줄어들어 세력이 개입하기도 쉽다.

　필자는 주주현황에서 확인했을 때 주요주주와 자사주의 합이 30~40퍼센트 이상인 기업을 선호한다. 주요주주들의 지분이 크다는 것은 경영권 안정과 주가 관리에 긍정적이다. 유동물량도 적절하여 세력들이 주가를 끌어올리는데에도 한결 수월하다. 또 국민연금공단이나 자산운용사의 지분이 큰 회사도 선호하는데, 해당 기관이 대주주라는 사실만으로도 그 종목이 실적과 재무상태가 뒷받침되는 기업임이 증명되기 때문이다.

만도의 주식수, 대주주지분을 확인하는 방법

편리한 MTS

자료 2-63 **만도 MTS-발행주식수, 주주현황**

MTS를 통해 만도의 발행주식수와 대주주(주요주주)지분 등을 확인할 수 있다. 만도의 주식수는 4,695만 7,120주임을 알 수 있고, 주요주주의 합(자사주 포함)은 총 40.5퍼센트임을 확인할 수 있다.

실용적인 네이버금융

만도의 발행주식수와 대주주지분을 확인할 수 있다.

자료 2-64 **만도 네이버금융-발행주식수, 주주현황**

와이아이케이의 주식수, 대주주지분을 확인하는 방법

편리한 MTS

MTS를 통해 와이아이케이의 발행주식수와 주주현황 등을 확인할 수 있다. 와이아이케이의 주식수는 8,132만 296주임을 알 수 있고, 주요주주의합(자사주 포함)은 총 67.8퍼센트임을 확인할 수 있다.

자료 2-65 **와이아이케이 MTS-발행주식수, 주주현황**

실용적인 네이버금융

와이아이케이의 발행주식수와 대주주지분을 확인할 수 있다.

자료 2-66 와이아이케이 네이버금융-발행주식수, 주주현황

와이아이케이 232140 코스닥 | 2021.03.17 기준(장마감) 장시간 기업개요 ▾

6,690
전일대비 ▼70 -1.04%

| 전일 6,760 | 고가 6,840 (상한가 8,780) | 거래량 468,015 |
| 시가 6,670 | 저가 6,670 (하한가 4,740) | 거래대금 3,146 백만 |

종합정보 | 시세 | 차트 | 투자자별 매매동향 | 뉴스공시 | **종목분석** | 종목토론실 | 전자공시 | 공매도현황

기업현황 | 기업개요 | 재무분석 | 투자지표 | 컨센서스 | 업종분석 | 섹터분석 | 지분현황   🖨 인쇄

와이아이케이 🔊 232140 | YIKC | KOSDAQ : 반도체 | WICS : 반도체와반도체장비

EPS 131 BPS 2,395 PER 51.58 업종PER 21.12 PBR 2.82 현금배당수익률 0.00% 12월 결산

* PER: 전일 보통주 수정주가 / 최근 분기 EPS(TTM)
* PBR: 전일 보통주 수정주가 / 최근 분기 BPS(TTM)
* TTM: 최근 4분기 합산
* PER, PBR값이 (-)일 경우, N/A로 표기됩니다.
* 현금배당수익률: 최근 결산 수정DPS(현금) / 전일 보통주 수정주가
* WICS: WISE Industry Classification Standard, modified by FnGuide
* TTM 데이터가 없는 경우, 최근 결산 데이터로 표시됩니다.

시세 및 주주현황
[기준:2021.03.16]

주가/전일대비/수익률	6,760원 / +40원 / +0.60%
52Weeks 최고/최저	8,000원 / 1,725원
액면가	100원
거래량/거래대금	374,653주 / 25억원
시가총액	5,497억원
52주베타	1.36
발행주식수/유통비율	81,320,296주 / 32.23%
외국인지분율	0.69%
수익률 (1M/3M/6M/1Y)	-12.09%/ +14.58%/ +19.22%/ +181.67%

* 수정주가(차트포함), 보통주 기준. * 52주베타: 주간수익률 기준

주가/상대수익률

2019/03/29   2020/01/31   2020/11/30
■ 와이아이케이 ― KOSDAQ대비(좌) ― 반도체대비(좌)
■ 거래량

[기준:2021.03.16]

신용등급	BOND	CP		주요주주	보유주식수(보통)	보유지분(%)
KIS				⊕ 샘택 외 9인	45,047,801	55.40
KR				삼성전자	9,601,617	11.81
NICE				자사주	463,216	0.57

Mentor's Strategy! 발행주식수와 대주주지분 알아보기

① 코웰패션

MTS를 통해 코웰패션의 발행주식수와 주주현황을 확인할 수 있다. 코웰패션의 대주주지분은 자사주를 포함해서 74.4퍼센트이다.

자료 2-67 **코웰패션 MTS-발행주식수, 주주현황**

② 휴마시스

MTS를 통해 휴마시스의 발행주식수와 대주주 등 주주현황을 확인할

자료 2-68 **휴마시스 MTS-발행주식수, 주주현황**

수 있다. 대주주지분이 10퍼센트에 미치지 못하는 종목 대부분은 실적이 좋지 않다. 대주주지분이 10퍼센트가 채 되지 않으면, 앞서도 말했듯, 기업에 사실상 제대로 된 주인이 없어서 기업의 영업활동 판단 측면에서 긍정적인 결과를 기대하기가 어렵다.

③ 한미반도체

네이버금융을 통해 한미반도체의 발행주식수와 대주주 등 주주현황

자료 2-69 한미반도체 네이버금융-발행주식수, 주주현황

을 확인할 수 있다. 국민연금공단과 미래에셋자산운용 등 기관투자가의 지분이 많은 것을 살펴보는 것도 종목 선정에 도움이 된다.

경영진의 스펙은 힌트다

기업의 임원진은 중요하다. 대표이사를 포함한 임원의 역량이 그 회사의 미래라고 해도 과언이 아니다. 학력과 경력, 재직기간과 보유주식수 등을 통해서 경영 안정성과 비전, 실적 상승 그리고 영업활동 노하우, 사업 강점을 살피며 주주로서 기업과 동업을 해도 괜찮을지 고민한다.

가령 투자할 회사가 삼성전자의 1차 벤더(=제1하도급, 발주처와 협력처의 관계) 또는 2차 벤더(=제2하도급)일 때 임원들 경력에 삼성전자 출신들이 많으면 비즈니스에서 유리하게 작용하지 않을까 판단해볼 수 있다. 사소하게 보이지만 주식을 매수할 때에는 이러한 부분도 꼭 한번 체크해보는 것이 좋다.

Mentor's Strategy! **정기보고서의 임직원 현황 체크하기**

① 디아이

디아이 정기보고서를 통해 임원의 주요경력을 확인한다. 디아이는 반도체 관련 기업으로 삼성전자와 협력을 예상해볼 수 있다. 임원 중 삼성전자 출신들이 많아 후에 삼성전자와의 비즈니스에서 우위를 차지하지 않을까 싶다.

그 외에도 직원의 수와 직원들의 재직기간, 평균 연봉도 확인한다. 직원수가 너무 적거나 재직기간이 너무 짧다면 회사는 안정성 면에서 조금 부족하다고 판단해야 한다. 주식투자는 기업에 투자하는 것이지만 기업과 투자자가 동업을 하는 것과도 같다. 회사의 임원들은 모두 주주의 동업자 내지는 직원과 다를 바가 없다. 사업 운영에 노련한 동업자, 우수한 직원과 함께하기를 거부하는 투자자는 아마도 없을 것이다.

자료 2-70 디아이 분기보고서 중 임원 현황

실적 외의 보너스, 타법인출자

정기보고서 맨 하단 가까이에 계열회사 등에 관한 사항이 기재되어 있다. 여기에서 타법인출자 현황을 확인할 수 있다. 이 내용에서 추후 상장 예정 기업의 지분이 확인된다면 IPO$^{Initial Public Offering}$, 즉 기업이 처음으로 외부 투자자에게 공개적으로 주식을 매도할 때(=처음 상장할 때) 통상 주가가 상승하는 경향을 보이므로 참고하면 투자에 도움이 된다.

예를 들어 카카오뱅크(한국카카오은행)의 지분 1.97퍼센트에 해당하는 약 720만 주를 보유한 예스24가 있다. 예스24의 카카오뱅크 지분 취득가액이 20억 원인데 현재 장부가액은 약 360억 원이다. 추후 상장을 하게 되면 2021년 2월 장외시장에서 거래되는 가격이 주당 약 10만 원 정도임을 감안했을 때 발생할 차액이 상당할 것으로 예상된다. 카카오뱅크가 주식시장에 처음 상장할 때 상당한 평가차액을 거두기도 하지만 상장하기 전 예스24의 주가도 영향을 받아 상승할 수 있다. 카카오뱅크 상장 소식이 언급될 때마다 주가가 단기 급등을 하기도 한다.

카카오뱅크 지분을 가지고 있는 대표적인 상장사로는 예스24 1.97퍼센트, 한국금융지주 4.93퍼센트. 넷마블 3.94퍼센트가 있다.

Mentor's Strategy! 넷마블의 타법인출자 현황 보기

정기보고서의 계열회사 등에 관한 사항 중 타법인출자 현황을 통해 넷마블이 어떤 회사에 투자했는지 확인할 수 있다.

타법인출자 현황을 살펴보니 카카오뱅크와 엔씨소프트 그리고 빅히트엔터테인먼트 등에 투자하였다. 추후 비상장회사인 카카오뱅크가 상장할 때, 그 영향으로 주가가 상승할 수 있다. 넷마블이 이미 상장된 엔씨소프트와 카카오게임즈에 지분이 있어서 엔씨소프트와 카카오게임즈

DART / 넷마블

본문 2020.11.16 분기보고서
첨부 +첨부선택+

📥 다운로드 🖨 인쇄 🔍 검색결과로

㈜엔씨소프트 (상장)	2015.02.17	게임 투자 개발	391,117	1,950,000	8.88	1,054,950
㈜와이제이엠게임즈 (상장)	2016.04.12	게임 투자 개발	7,679	5,988,570	11.06	10,390
㈜D게임스미디어 (비상장)	2007.10.01	게임 투자 개발	110	2,000	10.00	-
㈜로켓펀치게임즈 (비상장)	2016.03.25	게임 투자 개발	1,500	30,000	13.03	-
넷마블엔㈜ (구.㈜퍼니파우)(비상장) (주7)	2018.01.01	게임 투자 개발 (보통주)	9,279	1,502,440	88.25	9,279
㈜포플랫 (비상장) (주7)	2015.07.17	게임 투자 개발 (보통주)	1,215	2,768,581	74.46	3,677
한국카카오은행㈜ (비상장) (주5)	2016.03.15	인터넷 전문은행 설립	4,000	14,400,000	3.94	73,820
㈜카카오게임즈 (상장)	2018.02.28	게임사업 협력 및 제휴	50,000	3,218,320	5.77	46,505
2014 KIF-캡스톤 제도전IT투자조합 (비상장) (주6)	2014.12.18	게임 투자 개발	300	-	8.87	791
PRESENCE CAPITALFUND I, L.P. (비상장) (주6)	2016.01.20	게임 투자 개발	878	-	9.99	1,060
Bragiel Brothers I, L.P. (비상장) (주3,6)	2016.06.02	게임 투자 개발	595	-	9.99	1,148
본엔젤스에이커스펀드3 (비상장) (주6)	2018.09.19	AI 및 차세대기술 투자	800	-	4.00	800
SparkLabs Korea Fund II, L.P. (비상장) (주6)	2018.09.19	AI 및 차세대기술 투자	1,122	-	9.99	1,122
㈜원이멀스 (비상장)	2011.09.28	게임 투자 개발 (보통주)	15,000	208,020	19.56	3,487
㈜원이멀스 (비상장)	2020.03.23	게임 투자 개발 (우선주)	500	-	-	-
넷마블-코나성장영업투자조합 (구.캡스톤6호벤처조합)(비상장) (주6)	2015.09.18	게임 투자 개발	1,180	-	29.06	2,358
Kabam Inc. (비상장)	2017.02.23	게임 투자 개발	845,812	501,813,181	100.00	845,812
Digipark Singapore PTE. LTD. (비상장)	2017.09.26	게임 투자 개발 및 해외거점 확보	2,249	7,000,000	100.00	8,050
㈜빅디퍼 (비상장)	2017.11.17	빅데이터 관련 사업 투자	400	80,000	26.67	400
㈜LJ오스팀인터랙티브 (비상장)	2018.02.28	게임 투자 개발 (우선주)	5,000	12,280	28.47	5,414
㈜빅히트엔터테인먼트 (상장) (주1,8,9)	2018.05.31	글로벌 게임 및 음악시장 관련 사업 투자	201,431	445,882	25.04	201,431

에 당기순이익이 발생하면 지분에 따른 수익을 거둘 수 있다.

타이밍을 확실하게 찾을 수 있는
차트 분석: 기술적 분석
6단계

Q 기술적 분석에서 중요한 것은 무엇일까요?

A 일반적으로 일봉의 정배열과 골든크로스가 강조됩니다. 그러나 오히려 저는 '거래량의 추이'를 중요하게 봅니다. 거래량은 시장의 관심도, 세력의 힘을 의미합니다. 거래량의 흔적을 지켜보면서 추이를 살핍니다. 특히 근래에 거래량이 눈에 띄게 증가하면서 주가가 상승하는 종목을 눈여겨봅니다. 보통 거래량이 증가하면 주가는 상승하고, 거래량이 감소하면 주가는 하락하는 관계성을 가지기 때문입니다.

종목 선정에서 가장 기본은 실적과 재무 안정성이다. 그러나 그것만으로 충분하다고 말하기는 좀 어렵다. '주식은 팔아야 돈이 된다'는 말처럼 발굴한 종목의 가치 상승을 예상하며 잘 사고, 가격이 정점에 있을 때 잘 팔아야 수익을 실현할 수 있기 때문이다. 적절한 '타이밍'이 투자 결과를 결정하는 것이다. 주식의 매매 타이밍을 판단할 수 있도록 도와주는 것이 기술적 분석이다.

기술적 분석은 기업의 재무상태로 가치를 평가하는 기본적 분석과 달리, 과거 주가와 거래량 자료를 가지고 주가의 움직임을 통해 미래 주가를 예측한다. 보통 차트를 이용하여 분석을 하는데, 차트에 나타나 있는 여러 지표 중 가장 많이 사용되는 것이 이동평균선이다.

일봉에서 정배열이나 골든크로스일 때, 또는 거래량이 평이하다가 주가가 상승하면서 대량 거래량을 기록할 때 주식을 매수하면 추후 수익을 낼 확률이 높다. 6단계에서는 기술적 분석을 이용해 선정한 종목의 '매매 타이밍'을 찾아볼 것이다.

차트의 토대, 캔들

차트는 캔들의 집합이다. 차트에서 캔들만 보아도 그날 주식의 가격 흐름을 파악할 수 있다. 캔들은 주식 가격에 대한 정보를 담고 있다. 따라서 차트를 보려면 캔들부터 알아야 한다.

캔들로 확인할 수 있는 정보는 다양하다. 정규 주식시장이 개장하고 처음 기록하는 주가인 '시가'와 정규 주식시장이 끝날 때 마지막으로 기록하는 주가인 '종가' 그리고 시장 거래 중 가장 낮은 가격 정보인 '저가'와 시장 거래 중 가장 높은 가격 정보인 '고가', 이 네 가지 의미를 담고 있다.

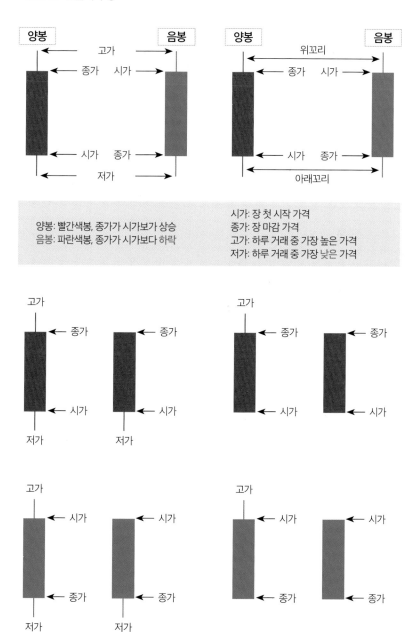

시가와 종가, 저가와 고가를 빨강과 파랑 두 가지 색을 이용해 캔들로 표현한다. 시가보다 종가가 더 높은 가격으로 거래가 마감되면 빨간색 '양봉'이고, 시가보다 종가가 더 낮은 가격으로 거래가 마감되면 파란색 '음봉'이다. 그리고 양봉과 음봉에서 저가와 고가는 봉에 붙은 선, 위꼬리와 아래꼬리로 확인할 수 있다. 위꼬리, 아래꼬리의 끝점은 당일 거래의 최고가, 최저가를 의미한다.

복잡하게 느껴지는 말을 그림으로 확인하면 이해하기가 쉽다. 자료 2-72에서 캔들을 확인해볼 수 있다.

차트를 볼 때 일봉이 양봉이라고 해서 그날 주가가 올랐고, 일봉이 음봉이라고 해서 그날 주가가 떨어졌다고 보이는 대로 판단해서는 안 된다. 양봉이지만 주가가 떨어질 수 있고, 음봉이지만 주가가 올랐을 수도 있기 때문이다. 이후 제시되는 일봉으로 내용을 확인해보자.

Mentor's Strategy! **주가의 상승과 하락은 봉으로 말한다**

음봉이지만 주가는 상승할 수 있다

① 빅텍

빅텍 차트로 차트 시점의 전일종가와 오늘의 종가를 비교해볼 수 있다. 전일보다 주가가 상승하여 거래를 시작했지만 결국 시작가보다 낮은 가격으로 마감되어 캔들은 파란색이다. 음봉으로 마감했지만 전날과

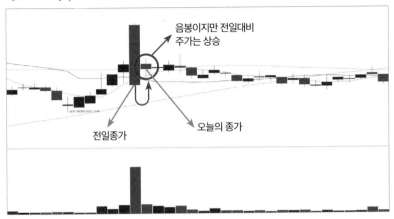

대비하여 주가가 상승한 것을 확인할 수 있다.

② 한농화성

한농화성 차트로 차트 시점의 전일종가와 오늘의 종가를 비교해볼 수

자료 2-74 **한농화성**

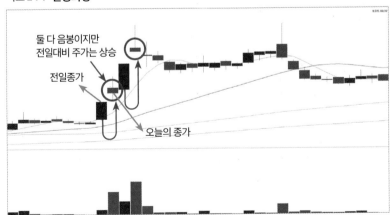

있다. 전일보다 주가가 더 높이 상승하여 거래를 시작했지만 결국 시작
가보다 낮은 가격으로 마감되어 캔들은 파란색이다. 음봉으로 마감했지
만 전날과 대비하여 주가가 상승한 것을 확인할 수 있다. 기준 음봉부터
다음다음 날의 캔들에서도 같은 내용을 볼 수 있다.

양봉이지만 주가는 하락한 것일 수 있다

① 아난티

아난티 차트로 차트 시점의 전일종가와 오늘의 종가를 비교해볼 수 있
다. 전일보다 주가가 현저히 하락한 가격으로 거래를 시작했지만 결국
시작가보다 높은 가격으로 마감되어 캔들은 빨간색이다. 양봉으로 마감
했지만 전날과 대비하여 주가가 하락한 것을 확인할 수 있다.

자료 2-75 **아난티**

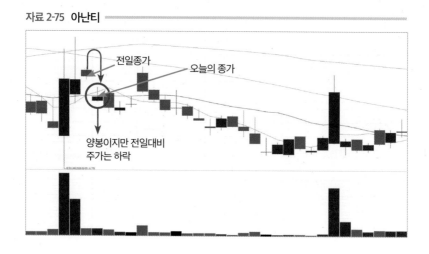

① 옵트론텍

옵트론텍 차트에서는 양봉이 쌓이는 상승 추세를 확인할 수 있다. 양봉이 연달아 나오면 단기적으로 주가의 흐름이 상승세이기 때문에 매수 타이밍으로 판단한다.

자료 2-76 **옵트론텍**

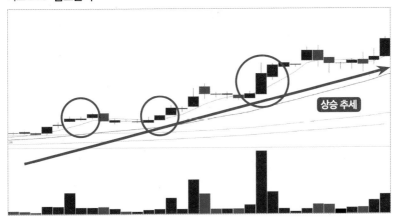

② 인탑스

인탑스 차트에서는 양봉이 쌓이는 상승 추세를 확인할 수 있다. 추세는 쉽게 꺾이지 않는다.

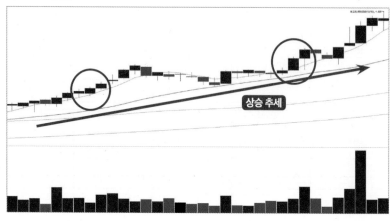

③ 제우스

제우스 차트에서는 양봉이 쌓이는 상승 추세를 확인할 수 있다. 양봉이 연달아 나오면 단기적으로 주가의 흐름이 상승세이기 때문에 매수 타이밍으로 판단한다.

자료 2-78　제우스

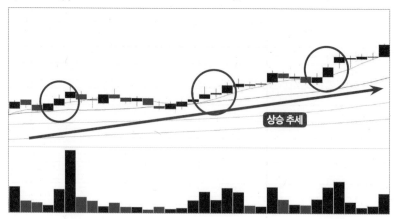

음봉이 쌓이면 주가는 하락한다

① 바이오니아

바이오니아 차트에서는 음봉이 쌓이는 하락 추세를 확인할 수 있다. 음봉이 연달아 나오면 단기적으로 주가의 흐름이 하락세이기 때문에 매도 타이밍으로 판단한다.

자료 2-79 **바이오니아**

② 올릭스

올릭스 차트에서도 마찬가지로 음봉이 쌓이는 하락 추세를 확인할 수 있다. 음봉이 연달아 나오면 단기적으로 주가의 흐름이 하락세이기 때문에 매도 타이밍으로 판단한다.

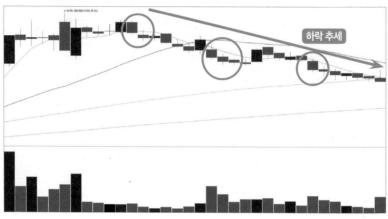

③ 아이진

아이진 차트의 세 부분에서 음봉이 쌓이는 하락 추세를 확인할 수 있다. 음봉이 연달아 나오면 단기적으로 주가의 흐름이 하락세이기 때문에 매도 타이밍으로 판단한다.

자료 2-81 **아이진**

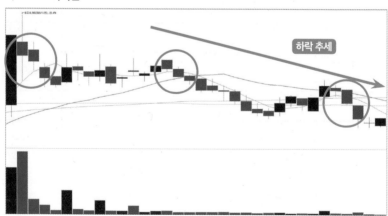

양봉-양봉-양봉 후 음봉-음봉-음봉

① 이노테라피

양봉–양봉–양봉이 연달아 나오면 주가는 상승한다. 음봉–음봉–음봉이 연달아 나오면 주가는 하락한다. 이노테라피 차트에서는 양봉이 쌓이는 상승 추세와 음봉이 쌓이며 반전된 하락 추세를 모두 확인할 수 있다.

자료 2-82 **이노테라피**

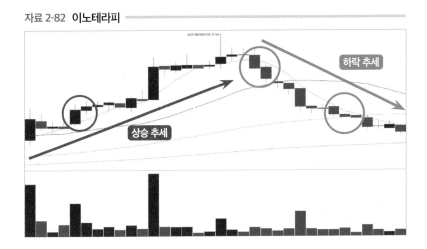

캔들 길이에 따라 달라지는 매매 타이밍

양봉의 길이가 길면 장대양봉, 음봉의 길이가 길면 장대음봉이다. 주가의 저점에서 장대양봉은 매수 타이밍이고, 주가의 고점에서 장대음봉은 매도 타이밍이다.

① 포스코 ICT

포스코 ICT 차트에서처럼 거래량이 많지 않으면 주가의 저점과 고점이 일정 범위 내에서 움직이며 횡보하는 모습을 보인다. 이후 주가가 상승하면서 거래량이 급증하게 되는데 이때를 매수 타이밍으로 판단한다.

자료 2-83 **포스코 ICT**

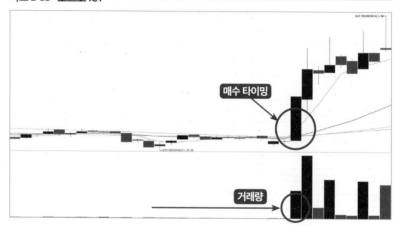

② 압타바이오

압타바이오 차트에서는 장대양봉을 기록하며 주가가 크게 상승하고 거래량이 증가한 것을 확인할 수 있다. 표시한 부분에서처럼 위꼬리가 길게 생기면 투자자들이 가진 주식을 처분했다는 의미이다. 이후 조정을 거치며 주가는 하락한다.

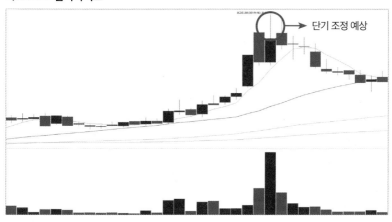

단기 조정 예상

③ 한농화성

대량거래와 장대양봉이 만들어진 이후에 주가가 갭 상승하는 모습이
다. 전날 장이 마감하고 다음 날 장이 시작하기 전에 가격이 올라 전일
종가보다 높은 가격으로 거래되는 것이다. 어제 종가 1만 원이었던 주식

자료 2-85 한농화성

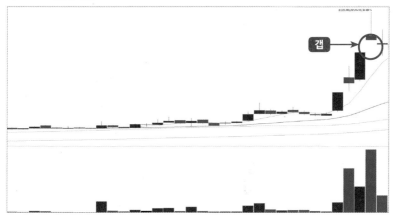

갭

이 다음 날 개장에서 1,000원 상승한 가격인 1만 1,000원을 시작으로 계속 오르는 상황이 이에 해당한다. 장 시작 전 해당 종목에 대한 호재가 있을 때 주가는 갭 상승한다.

반대로 갭 하락은 장이 마감하고 다음 날 장이 시작하기 전에 가격이 떨어져 전일 종가보다 낮은 가격으로 거래되는 것이다. 장 시작 전 해당 종목에 대한 악재가 있을 때 주가는 갭 하락한다.

차트에서 장대음봉일 땐 이렇게 예상하자

① 제노포커스

제노포커스 차트에서는 음봉이 연달아 나오는 하락 추세를 확인할 수 있다. 거래량은 많으나 장대음봉이 보이면 이후에는 주가가 조정을 보인다.

자료 2-86 **제노포커스**

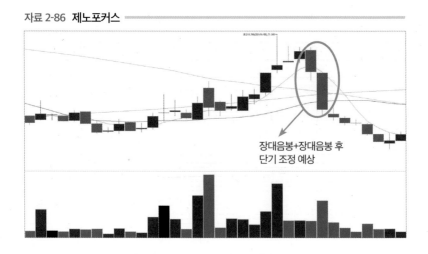

장대음봉+장대음봉 후
단기 조정 예상

② 액트로

액트로 차트에서는 장대음봉 이후 하락 추세를 확인할 수 있다. 거래량은 많으나 장대음봉이 보이면 이후 주가는 단기 조정을 거친다.

자료 2-87 액트로

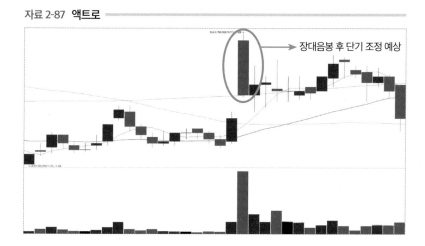

장대음봉 후 단기 조정 예상

장대양봉이지만 하락할 때도 있다

① 카페24

차트 분석은 답안지가 아니다. 차트 분석은 확률 분석에 가깝다. 패턴이 늘 맞아 떨어진다는 생각은 위험하다. 카페24의 차트처럼 거래량이 크게 증가하면서 장대양봉을 기록하고 주가가 조정기간을 거치다가, 다시 대량 거래를 터트려 장대양봉을 기록하고 단기적으로 조정받는 경우도 있다.

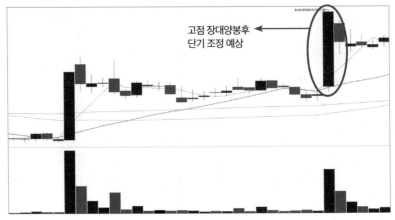

고점 장대양봉후
단기 조정 예상

위꼬리 매매 타이밍

위꼬리에서 상승에 대한 강한 저항이 보이면 단기 매도 타이밍이다.

① 신진에스엠

신진에스엠 차트처럼 거래량이 큰 폭으로 증가하면서 위꼬리가 생성 되면 이후 일반적인 패턴으로 단기 조정을 거친다. 위꼬리에서 상승에 대한 강한 저항이 보이면 매도 세력이 많다는 의미이므로 단기 매도 타 이밍이다. 신진에스엠은 대량 거래 이후에 약 6개월간 계속 조정 받다가 이후에 상한가를 기록하기도 했다.

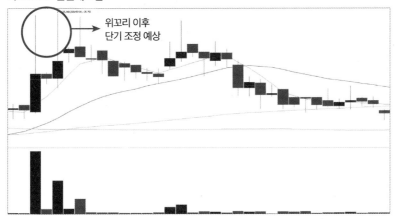

②티움바이오

티움바이오의 차트는 이미 고점에서 대량 거래가 진행되어 위꼬리가
단기 고점이었다. 이후에 조정을 거쳤다. 캔들에서 위꼬리는 좋은 소식
이 아니다. 장중에 매도 세력이 고점에서 가진 것을 털었다는 의미로 이

자료 2-90 티움바이오

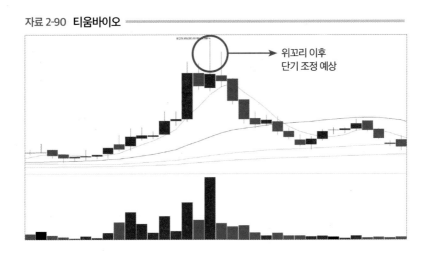

후 하락을 암시하기 때문이다. 다만 주가가 큰 폭으로 상승이 없는 동안 많은 거래량이 실린 캔들의 위꼬리는 세력이 물량을 빼앗아 가는 것일 수 있다.

③ 포메탈

포메탈 차트에서는 양봉이 쌓이는 상승 추세 이후 거래량이 증가한 것을 확인할 수 있다. 장대음봉에 위꼬리는 단기 고점으로 볼 수 있다. 이후 조정을 받았다.

자료 2-91 포메탈

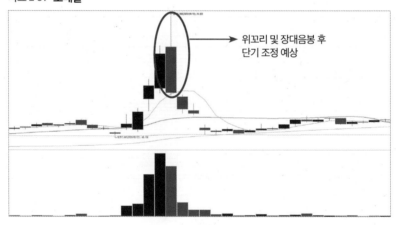

위꼬리 및 장대음봉 후
단기 조정 예상

아래꼬리 매매 타이밍

① 한솔케미칼

아래꼬리에서 하락에 대한 강한 저항이 보이면 이는 곧 매수 타이밍이

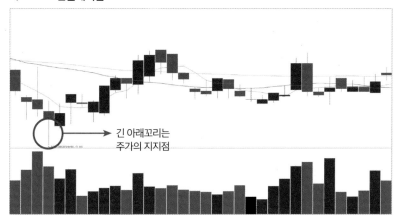

긴 아래꼬리는
주가의 지지점

다. 매수자가 많아 주가가 상승 추세로 이어질 것을 의미하기 때문이다. 한솔케미칼 차트의 긴 아래꼬리는 하락에 대한 강한 저항을 나타내고 주가의 지지점이 될 수 있음을 보여준다.

② 이노션

자료 2-93 **이노션**

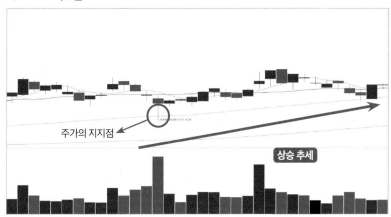

주가의 지지점

상승 추세

이노션 차트에서 볼 수 있는 긴 아래꼬리는 하락에 대한 저항을 나타낸다. 이를 지지점 삼아 이후 주가가 상승하는 것을 확인할 수 있다.

③ 큐렉소

큐렉소 차트의 두 개의 아래꼬리는 하락에 대한 저항을 나타내고 주가의 지지점이 될 수 있음을 보여준다. 이후 주가가 상승하는 것도 확인할 수 있다.

자료 2-94 큐렉소

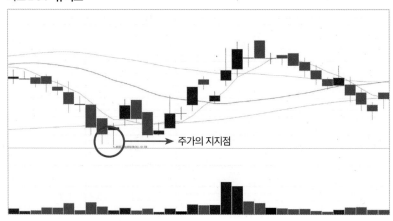

주가의 지지점

주가의 움직임을 나타내는 일봉과 주봉 그리고 월봉

하루 동안의 주가 변동, 일봉

주식 차트에서 하루 동안의 주가 움직임을 표현한 봉을 '일봉'이라고 한다. 하루의 주가 변동을 1개의 캔들로 나타낸 것이다. 일봉은 3개월 이내의 단기 투자를 할 때 주로 이용된다.

만도의 일봉 보기

HTS를 통해 만도의 일봉을 확인할 수 있다. 정배열이면서 상승 추세인 것은 강점이지만 고점에서 위꼬리가 출현하는 것은 단기 급등 여파가 아닌지 고려해볼 필요가 있다.

자료 2-95 만도 일봉

와이아이케이의 일봉 보기

HTS를 통해 와이아이케이의 일봉을 확인할 수 있다. 정배열이면서 상승 추세인 것은 강점이다. 매수가도 부담스럽지 않다.

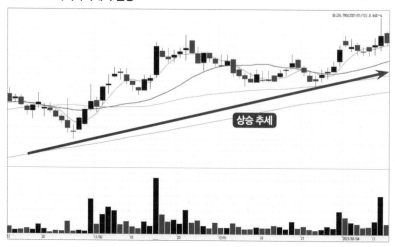

상승 추세

Mentor's Strategy! 일봉으로 확인하는 주가

① 피앤이솔루션

자료 2-97 피앤이솔루션 일봉

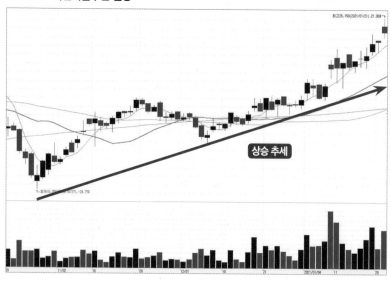

상승 추세

피앤이솔루션의 일봉은 상승 추세를 보인다. 추후 거래량의 증감에 따라 주가의 향방이 결정될 것이다.

② 신일전자

신일전자의 일봉은 상승 추세를 보인다. 주가가 모든 이동평균선 위에 올라와 있는 것은 강점이다. 점차 거래량이 증가하는 것도 강점이다.

자료 2-98 신일전자 일봉

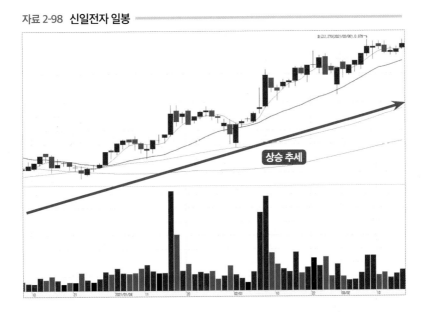

③ 삼성전자

삼성전자의 일봉은 상승 추세를 보이지만 차트 끝에서 음봉을 기록하면서 5일 이동평균선을 깨고 하락 반전을 보이려 한다. 단기 조정이 예상된다. 5일 이동평균선 아래로 주가가 하락하면 단기적으로 매도 타이

밍이다. 20일 이동평균선 아래로 주가가 하락해도 매도 타이밍이다.

한 주 동안의 주가 변동, 주봉

주식 차트에서 한 주 동안의 주가 움직임을 표현한 봉을 '주봉'이라고 한다. 한 주의 주가 변동을 1개의 캔들로 나타낸 것이다. 주봉은 6개월에서 1년 이내의 중기 투자를 할 때 주로 이용된다.

만도의 주봉 보기

HTS시스템을 통해 만도의 주봉을 확인할 수 있다. 일봉에서처럼 주봉에서도 정배열에 상승 추세가 강점이고, 신고가 행진도 매력적이다. 그러나 이동평균선의 상승이 가파르다면 과열을 의심해볼 필요가 있다.

자료 2-100 **만도 주봉**

와이아이케이의 주봉 보기

HTS를 통해 와이아이케이의 주봉을 확인할 수 있다. 일봉에서처럼 주봉에서도 정배열에 상승 추세가 강점이다. 거래량이 급증하면서 가격이 오르는 점이 매수에 긍정적으로 작용할 수 있다.

자료 2-101 **와이아이케이 주봉**

Mentor's Strategy! **주봉으로 확인하는 주가**

중기 투자를 할 때 주봉은 중요하다. 기술적 분석에서는 시간에 따른 주가의 흐름을 관찰하여 앞으로의 가격을 예상하기 때문에 장기적인 방향성을 가진 주봉이 큰 의미를 갖는다. 일봉도 우상향하고, 주봉도 우상향한다면, 상승 추세라 말할 수 있으므로 매수를 긍정적으로 고려한다.

① 피앤이솔루션

피앤이솔루션의 주봉은 우상향 상승 추세로 차트 시점의 폭발적인 거래량이 매수에 긍정적으로 작용할 수 있다.

자료 2-102 **피앤이솔루션 주봉**

② 신일전자

신일전자의 주봉은 안정적이다. 앞서 세 번의 대량 거래가 있었는데 차트 끝에서 주가가 상승하려면 거래량을 증폭시킬 재료의 탄생이 절실하다. 그림에 표시된 부분에서 거래량이 상승하면서 주가가 같이 상승하면 매수를 고려한다.

자료 2-103 신일전자 주봉

점진적으로 더 늘어야
주가도 더 강하게 상승
할 수 있다

③ 삼성전자

삼성전자의 주봉은 횡보하다가 갑자기 급등했다. 마지막 봉이 음봉이
고 가격 변동폭이 커지며 위꼬리를 달았기 때문에 이후 조정을 거칠 것
이라 예상된다.

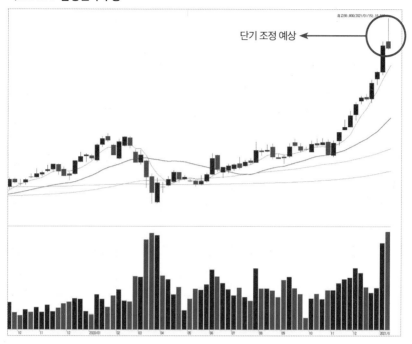

최고96,800(2021/01/15) 16,600

단기 조정 예상 ←

한 달 동안의 주가 변동, 월봉

주식 차트에서 한 달 동안의 주가 움직임을 표현한 봉을 '월봉'이라고
한다. 한 달간 주가 변동을 1개의 캔들로 나타낸 것이다. 단기 투자에서
월봉은 주가의 큰 흐름 정도만 파악하는 것으로 쓰이며 크게 의미를 갖
지 못한다. 그러나 장기 투자에서는 하나의 나무가 아닌 숲 전체 동향을
봐야하기 때문에 월봉이 중요하다.

① 피앤이솔루션

피앤이솔루션의 월봉은 우상향 상승 추세이다. 특히 차트 마지막 부분의 주가는 모든 이동평균선 위에 있어서 거래량만 증가한다면 주가도 더 상승할 것으로 예상된다.

자료 2-105 피앤이솔루션 월봉

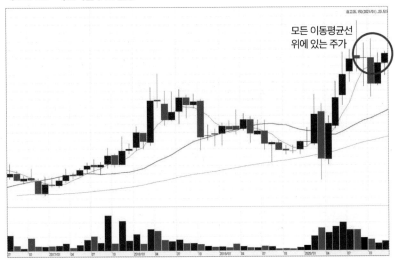

② 신일전자

신일전자의 월봉은 우상향 상승 추세이다. 다만 지난 기간 고점에서 많은 거래량이 발생했다. 신고가를 위해서는 앞서 나온 거래량 만큼의 대량 거래가 필요하다. 물량이 많은 매수는 세력과 밀접한 관계가 있을 수 있다는 점도 알아두어야 한다.

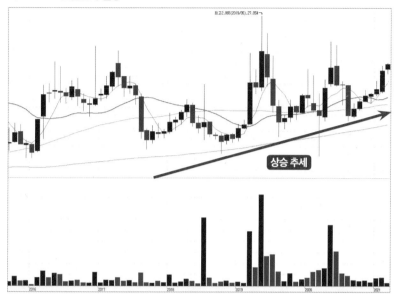

③ 삼성전자

삼성전자의 월봉은 우상향하고, 차트 시점으로 최근을 살펴보면 거래
량이 증가하면서 신고가인 점도 매수에 긍정적으로 작용한다. 다만 상
승 각도의 기울기가 너무 급한 것과 마지막 캔들에 긴 꼬리가 달린 것으
로 보아 이후 조정을 거칠 가능성을 예상할 수 있다.

최고점 96,800(2021/01) (6

단기 조정 예상

주가 움직임의 예측을 도와주는 이동평균선

　'이동평균선'은 일정기간 주가 흐름을 평균값을 내어 선으로 이은 것이다. 이동평균선과 주가가 진행하는 방향 사이의 관계를 보면서 앞으로의 주가를 예상한다.

　이동평균선은 5일 이동평균선, 20일 이동평균선, 60일 이동평균선, 120일 이동평균선이 있다. 일반적으로 5일 이동평균선과 20일 이동평균선은 단기, 60일 이동평균선은 중기, 120일 이동평균선은 장기로 분류한다.

　5일 이동평균선은 5일 간의 평균 주가를 선으로 이은 것이고, 20일 이동평균선은 20일 간의 평균 주가를 선으로 이은 것이다. 60일 이동평균선과 120일 이동평균선도 같은 방식으로 나타낸다.

단기 매매에서는 5일 이동평균선과 20일 이동평균선을 본다. 주가가 5일 이동평균선 위에 있다면 주가의 힘이 가장 큰 시기이고, 20일 이동평균선위에 있다면 주가의 힘이 아직 살아있다고 판단한다. 단기 투자시에는 주가가 5일 이동평균선 위에 위치할 때가 매수 타이밍으로 수익을 내기에 적합하다.

주가는 변화무쌍하다. 오늘의 매도 종목이 내일의 매수 종목이 될 수도 있고, 오늘의 매수 종목이 내일의 매도 종목이 될 수도 있다. 상황에 따라 유연하게 매매하는 자세가 필요하다.

Mentor's Strategy! 이동평균선과 주가의 움직임을 같이 본다

고점에서 이동평균선이 매매 타이밍에 미치는 영향

① 흥국

흥국의 일봉은 폭등 양상을 보인다. 주가가 폭등하여 기울기가 가파르면 후에 급락할 가능성을 배제할 수 없다. 수익을 확정 지어야 할 시점이다. 이렇게 단기 급등한 종목은 특히 5일 이동평균선을 잘 보아야 한다. 주가가 5일 이동평균선을 타고 계속 올라가면 매도 보류, 반대로 주가가 5일 이동평균선을 깨고 흘러내리면 단기 매도 타이밍으로 잡아야 한다.

필자는 차트상 최근 시점에서 매도를 단행했다. 투자 전 목표 수익률을 정해놓고 그 수익률에 도달하면 분할 매도나 전량 매도로 수익을 확

정 지어야 한다. 초보자들은 올랐다고 좋아만 하다가 나중에 주가가 떨어지면 그때서야 '그때 팔았어야 했는데…' 하면서 후회한다. 주식은 결과가 중요하다는 사실을 잊어서는 안 된다.

② 씨아이에스

씨아이에스의 일봉은 폭등 양상을 보이며 거래량이 증가했다. 고점에서 긴 위꼬리가 달려 추후 주가의 조정 가능성을 예상할 수 있다. 한 번 조정을 거친 주식이 재차 상승할 때 훨씬 더 큰 힘을 받는 경우도 있다.

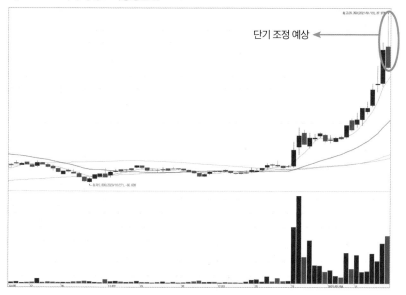

단기 조정 예상 ←

5일 이동평균선이 매도 타이밍에 미치는 영향

5일 이동평균선을 깨고 하락하는 시점에 매도하지 못했는데, 20일 이동평균선을 깨고 하락한다면 매도한다.

① 유니켐

유니켐의 일봉은 단기 상승하다가 장대음봉 이후에 거래량이 감소하면서 음봉과 음봉이 더해져 5일 이동평균선 아래로 내려갔다. 주가가 모든 이동평균선 위에 있는 것이 중요한데, 유니켐의 차트에서는 아래로 흘러내렸기 때문에 단기 매도 타이밍이다.

단기 매도
타이밍

② 두올

두올의 일봉은 생성된 매물대를 돌파하지 못하고 음봉을 기록하면서 5일 이동평균선 아래로 내려갔다. 이때는 단기 매도 타이밍으로 추후 조정을 거쳐 모든 이동평균선 위에 올랐을 때 다시 매수한다.

자료 2-111 두올 이동평균선

단기 매도 타이밍

주가 상승과 하락의 강력한 신호, 정배열과 역배열

정배열은 차트에서 이동평균선이 단기 · 중기 · 장기순으로 배열된 것이다. 즉 5일 이동평균선, 20일 이동평균선, 60일 이동평균선, 120일 이동평균선이 차례대로 위치한 상태이다. 주가가 하락하다가 상승으로 전환할 때 단기 · 중기 · 장기 이동평균선이 시차를 두고 상승한다. 상승 추세에서의 이동평균선 배열이라 말할 수 있다. 따라서 정배열은 주가 상승의 강력한 신호로 매수 타이밍으로 판단한다.

역배열은 정배열과 반대로 차트에서 이동평균선이 장기, 중기, 단기 순으로 배열된 것이다. 즉 120일 이동평균선, 60일 이동평균선, 20일 이동평균선, 5일 이동평균선이 차례대로 위치한 상태이다. 주가가 상승하다가 하락으로 전환할 때 단기 · 중기 · 장기 이동평균선이 시차를 두고 하락한다. 하락 추세에서의 이동평균선 배열이라 말할 수 있다. 따라서 역배열은 주가 하락의 신호로 매도 타이밍으로 판단한다.

Mentor's Strategy! **집중 탐구! 정배열의 매매 타이밍**

정배열일 때

① 덕산테코피아

덕산테코피아의 일봉은 정배열이므로 매도를 보류해야 한다. 이때 5일 이동평균선의 움직임이 중요하게 작용한다. 만약 주가가 5일 이동평

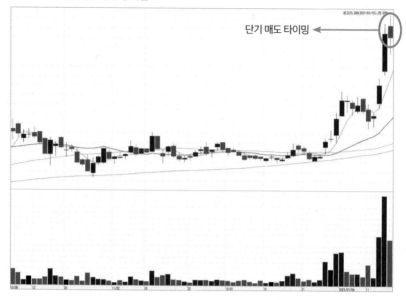

최고간,200(2021/01/15), 25, 070

단기 매도 타이밍

균선 위에 있다면 계속 매도를 보류하고, 5일 이동평균선 아래로 떨어지면 매도한다.

② 디아이

디아이의 일봉 역시 정배열이므로 매도를 보류해야 한다. 이때 5일 이동평균선의 움직임이 중요하게 작용한다. 만약 주가가 5일 이동평균선 위에 있다면 계속 매도를 보류하고, 5일 이동평균선 아래로 떨어지면 매도한다.

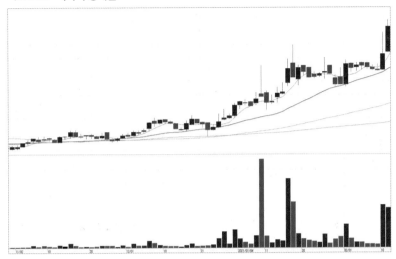

과열되지 않은 정배열일 때

주가가 모든 이동평균선 위에 올라와 있을 때가 가장 힘이 센 시기이다. 과열된 상태가 아니라면 그때 매수해야 한다.

① 신일전자

신일전자의 일봉은 과열되지 않은 정배열로 모든 이동평균선 위에 위치한 것을 볼 수 있다. 거래량이 증가하고 주가가 상승하는 점이 매수에 결정적으로 작용한다. 만약 단기 차트가 아닌 중장기 차트라 가정했을 때는 과열되지 않고 횡보 후 약간 우상향하고 있어 안정적인 흐름을 보인다고 말할 수 있다.

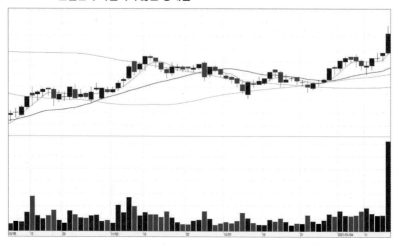

② 한미반도체

자료 2-115　한미반도체 과열되지 않은 정배열

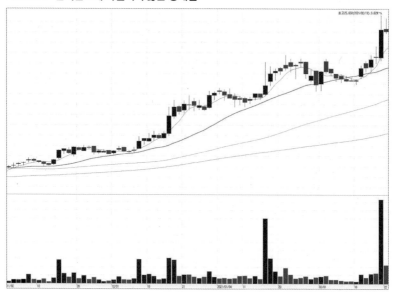

한미반도체의 일봉은 과열되지 않은 정배열로 상승을 거듭한다. 주가가 모든 이동평균선 위에 위치하였으나 거래량이 대폭 늘면서 주가도 상승했다가 위꼬리를 길게 달고 하락한 점이 아쉽다. 고점에서 매도 세력에 밀린 것으로 추정되며 단기 조정 가능성도 예상해볼 수 있다.

과열된 정배열일 때

앞에서 정배열이 매수 타이밍이라 했지만 지금부터 같이 살펴볼 차트는 조금 달라서 주의 깊게 살필 필요가 있다. 과열된 정배열에서는 매수가 아닌 매도를 고려해야 한다.

① 흥국

자료 2-116 흥국 과열된 정배열

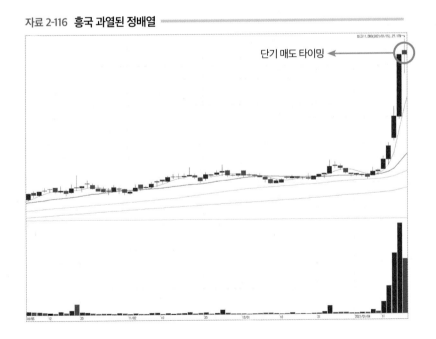

단기 매도 타이밍

홍국의 일봉은 과열된 정배열이다. 장대양봉 후에 십자형 음봉이 발생했는데, 십자형은 추세가 전환된다는 신호로 주가가 갈림길에 선 것을 뜻한다. 급등했기 때문에 수익이 났다면 일정 부분 매도하는 것이 좋다. 이때는 매수가 어렵다. 이익을 확정짓는 것이 좋다.

②동방

동방의 일봉은 단기 급등한 정배열이지만 주가가 매우 과열된 상태다. 고점에서 음봉과 음봉이 쌓이고, 긴 위꼬리도 나타나 단기 조정을 거칠 가능성이 있다.

자료 2-117 동방 과열된 정배열

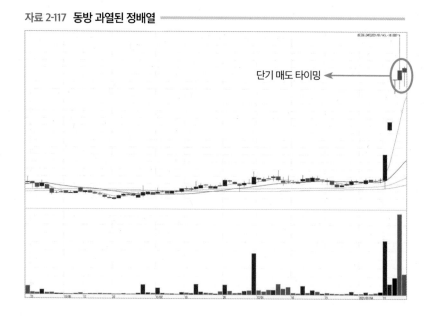

Mentor's Tip!

일봉에서 정배열, 주봉에서 정배열일 때

기술적 분석에서는 일봉과 주봉을 같이 놓고 판단하는 것이 좋다. 일봉이 정배열, 주봉도 정배열일 때 주가는 단기적으로 상승할 확률이 높다. 정배열이 아니더라도 일봉과 주봉에서 주가가 모든 이동평균선 위에 있다면, 주가는 단기적으로 상승할 확률이 높다.

① 티씨케이

티씨케이의 일봉과 주봉은 모두 우상향하고, 두 개의 봉차트에서 주가가 모든 이동평균선 위에 있다는 점이 매수에 결정적으로 작용한다. 신고가로 매물대가 없다는 점도 매수 결정에 힘을 싣는다.

자료 2-118 티씨케이 일봉

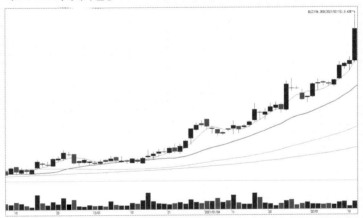

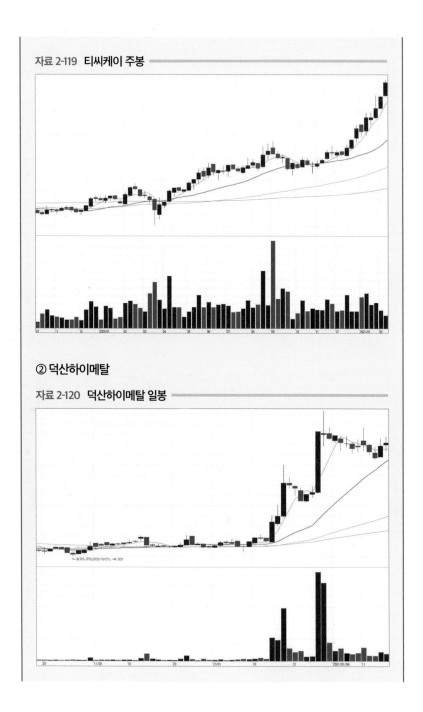

자료 2-119 티씨케이 주봉

② 덕산하이메탈

자료 2-120 덕산하이메탈 일봉

덕산하이메탈의 일봉은 우상향하면서 주가도 신고가 행진으로 좋은 흐름을 보인다.

덕산하이메탈의 주봉은 우상향하지만, 단기 급등 후 조정을 거치는 중이다. 주가는 5일 이동평균선 위에서 거래량을 동반하며 상승한다면 좋다. 그러나 거래량이 실리지 않고 주가가 5일 이동평균선을 깬다면 재조정받을 수 있다.

자료 2-121 덕산하이메탈 주봉

일봉에서 정배열인데 주봉에서는 정배열이 아니거나 또는 반대일 때

일봉에서는 정배열인데 주봉에서는 정배열이 아니거나, 주봉에서는 정배열인데 일봉에서는 아직 정배열이 아닐 때, 주가가 5일 이동평균선 밑에 있다면 주가는 단기적으로 상승할 확률이 낮다.

① 에스텍

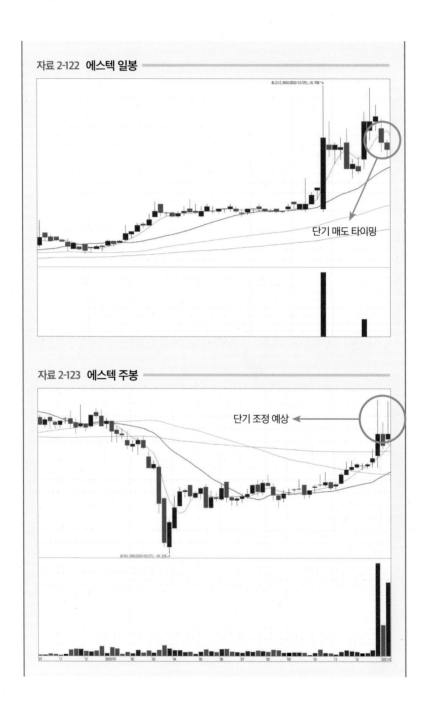

자료 2-122 에스텍 일봉

단기 매도 타이밍

자료 2-123 에스텍 주봉

단기 조정 예상

에스텍의 일봉은 횡보하다가 거래량이 대폭 증가했다. 대량 거래가 터진 그때가 매수 타이밍이다. 주가 상승 이후 조정을 거치는데, 5일 이동평균선을 깨고 흘러내릴 때가 단기 매도 타이밍이다.

에스텍의 주봉은 거래량이 대폭 증가하며 상승했다. 대량 거래는 매수에 결정적인 작용을 하지만 긴 꼬리를 달고 있다. 치열한 가격 공방이 있었음을 알 수 있다. 단기적으로 조정받을 가능성이 있다.

② LG화학

LG화학의 일봉은 우상향하는 상승 추세가 매수에 결정적으로 작용한다. 주가 상승 후 조정을 거친 것을 볼 수 있는데, 5일 이동평균선을 깨고 흘러내리는 시점이 단기 매도 타이밍이다. 매도했다가 다시 주가가 5일 이동평균선 위로 오르면 재매수해도 좋다.

LG화학의 주봉은 우상향하는 상승 추세가 매수에 결정적으로 작용한다. 큰 거래량도 매수에 힘을 싣는다. 그러니 주가가 급등하여 기울기가 급해지면 이후에 조정 가능성이 높다. 고점에서 음봉과 위꼬리로 보아 단기 조정도 예상해볼 수 있다.

자료 2-124 LG화학 일봉

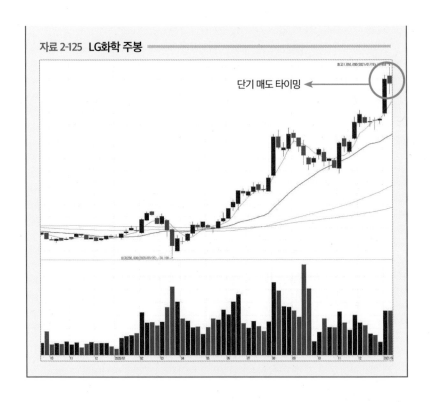

자료 2-125 LG화학 주봉

단기 매도 타이밍

Mentor's Strategy! | **집중 탐구! 역배열의 매매 타이밍**

역배열일 때

① 지노믹트리

지노믹트리의 일봉은 역배열이므로 단기로 매도·매수를 보류한다. 지지선 없이 하락 추세를 보이므로 추세가 전환될 때 매수하는 것이 좋다. 역배열에서 골든크로스가 나타나면 단기 매수 타이밍으로 해석한다.

하락 추세 & 역배열

② 휴마시스

하락 추세 & 역배열

휴마시스의 일봉은 역배열이므로 단기로 매도·매수를 보류한다. 이후에 추세가 전환될 때 매수하는 것이 좋다.

주가가 가장 약할 때

주가가 모든 이동평균선 아래에 있을 때 힘이 가장 약하다. 지지선 없이 하락하는 주가는 투자자들에게 부담으로 작용하여 시장에서 관심을 받지 못한다. 그러나 장기 투자가 목적인 경우에는 오히려 매수 시점이 될 수 있다.

① 리메드

리메드의 일봉은 모든 이동평균선 아래에 있다. 지지선이 없기 때문에 떨어지는 방향을 전환할 수 없다. 단기로 매도·매수를 보류한다. 추후 추세가 전환될 때 매수 시점을 다시 봐야 한다.

자료 2-128 **리메드**

② 메드팩토

메드팩토의 일봉은 모든 이동평균선 아래에 있다. 이때는 단기로 매도·매수를 보류한다. 추후 추세가 전환될 때 매수 시점을 다시 봐야 한다.

자료 2-129 **메드팩토**

단기 매도 타이밍

막강한 반전 신호, 골든크로스와 데드크로스

골든크로스는 무엇일까?

골든크로스는 단기 이동평균선이 중장기 이동평균선을 위로 뚫고 올라가는 모양이다. 5일 이동평균선이 20일 이동평균선을, 20일 이동평균선이 60일 이동평균선을 상향 돌파하는 경우를 말한다. 다시 말해, 정배열로 전환하는 것이다. 5일 이동평균선이 20일 이동평균선을 상향 돌파

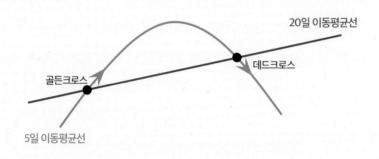

20일 이동평균선

데드크로스

골든크로스

5일 이동평균선

하는 시점이 단기 매수 타이밍이다. 특히 저점에서 골든크로스가 발생한다면 아주 좋은 매수 타이밍이다. 이때 단기적으로 주가는 상승할 가능성이 높다.

Mentor's Strategy! **골든크로스로 매수 타이밍을 잡자**

① 대한광통신

대한광통신의 일봉에서 주가는 모든 이동평균선 위에 있다. 5일 이동평균선이 20일 이동평균선을 뚫고 상승하는 골든크로스 지점에서 매수한다.

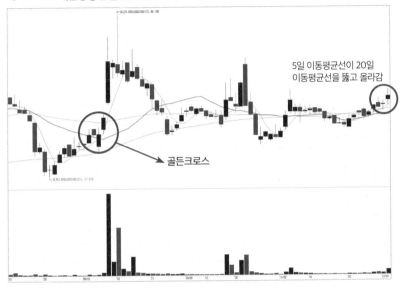

② 윈스

윈스의 일봉은 여러 번의 골든크로스를 볼 수 있다. 5일 이동평균선이
20일 이동평균선을 뚫고 상승하는 골든크로스 발생 시점에서 단기 매수
한다. 이후 데드크로스가 발생하면 단기 매도한다.

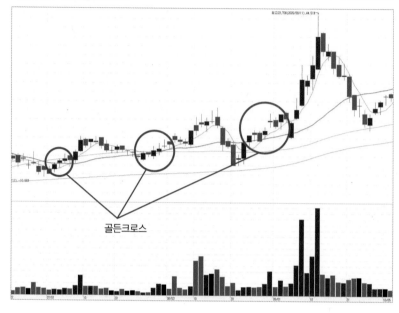

골든크로스

데드크로스는 무엇일까?

데드크로스는 골든크로스의 반대 개념이다. 단기 이동평균선이 중장기 이동평균선 아래로 뚫고 내려가는 모양이다. 5일 이동평균선이 20일 이동평균선을, 20일 이동평균선이 60일 이동평균선을 하향 돌파하는 경우를 말한다. 다시 말해, 역배열로 전환하는 것이다. 특히 고점에서 데드크로스가 발생한다면 아주 좋은 매도 타이밍이다. 이때 단기적으로 주가는 하락할 가능성이 높다.

① 코렌텍

코렌텍의 일봉은 상승 추세에서 하락 추세로 반전한다. 5일 이동평균선이 20일 이동평균선을 뚫고 내려가며 데드크로스가 발생했다. 주가가 장대음봉을 기록하면서 5일 이동평균선과 20일 이동평균선 아래로 흘러내린다. 이때 단기 매도하는 것이 좋다.

자료 2-132 **코렌텍 데드크로스**

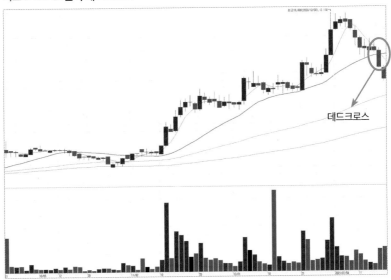

② 아미코젠

아미코젠의 일봉은 5일 이동평균선이 20일 이동평균선을 뚫고 하락하고 있다. 단기 매도한다. 주가는 계속 하락하는데 지지선조차 없는 상황이라 불안하다. 추후 골든크로스가 발생할 때 매수를 고려하는 것이 좋다.

자료 2-133 **아미코젠 데드크로스**

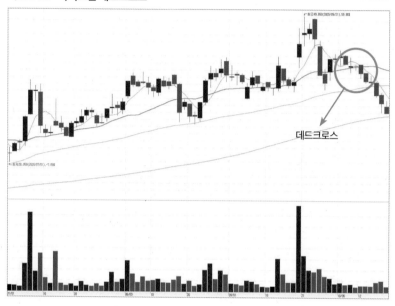

데드크로스

Mentor's Strategy! **골든크로스와 데드크로스가 번갈아 나오면?!**

① 에치에프알

에치에프알의 일봉은 골든크로스와 데드크로스가 반복하여 나타난다. 그에 따라 단기 투자자들은 매수 시점과 매도 시점을 적절하게 잡아 수익으로 연결지어야 한다.

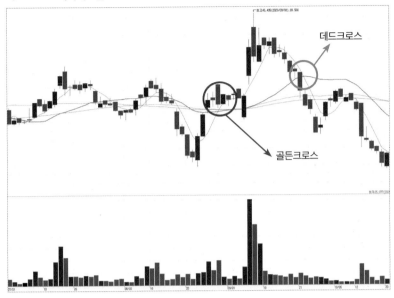

 골든크로스

 데드크로스

Mentor's Tip!

이격도: 주가와 이동평균선 간의 움직임

이격도는 주가와 이동평균선 사이의 떨어진 정도를 말한다. 주가를 이동평균선으로 나눈 백분율 값이다. 주가와 이동평균선 사이가 멀어지면 주가는 상승하거나 하락하면서 이동평균선과의 간격을 줄이려고 한다.

주가가 급등할 때 이격도가 크게 벌어진다. 이때에는 단기 매도를 적극적으로 고려한다. 주가가 상승하는 이유가 따로 있는 것이라면 매도를 보류해도 괜찮다. 주가가 급락할 때도 이격도가 크게 벌어진다. 단기 반등 여부를 살피며 매수를 고려한다. 주가가 하락하는 이유가 따로 있는 것이라면 매수를 보류해야 한다.

주가가 이동평균선을 깨고 내려가는 순간을 주가가 하락 추세로 반전하는 것으로 본다. 되도록이면 매도를 고려한다. 다만 기업과 관련 없는 외부변수로 주가가 단기 급락하는 경우라면 단기 반등을 수익 목표로 삼아 매수를 고려한다.

주식은 이유 없이 상승하거나, 이유 없이 하락하지 않는다. 그 정보와 내용을 제3자인 일반투자자가 알지 못할 뿐이다.

그렇다면, 이격도의 매도 타이밍은?!

성안과 토탈소프트를 살펴보면, 주가와 이동평균선의 거리가 아주 먼 것을 확인할 수 있다. 차트 시점에서 손해를 본 주식투자자는 없을 것이다. 추후 주가와 이동평균선이 다시 가까워지려 할 것이다. 주가가 상승 추세인데 이격도가 크다면 단기 매도하여 수익을 결정 짓는 것이 좋다.

① 성안

자료 2-135 **성안 이격도**

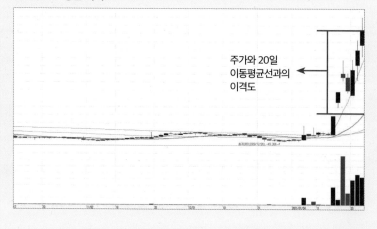

주가와 20일
이동평균선과의
이격도

② 토탈소프트

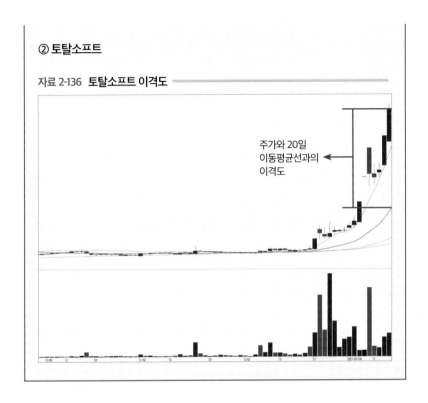

자료 2-136 **토탈소프트 이격도**

주가와 20일
이동평균선과의
이격도

거래량은 곧 주가의 힘이다

거래량은 주식시장에서 주식이 거래된 수량을 말한다. 거래량은 주가의 힘과 같다. 주가보다 먼저 움직이거나 비슷하게 움직인다. 통상 거래량이 증가하면 주가가 상승하고, 거래량이 감소하면 주가는 하락한다.

거래량이 증가하면서 주가가 상승하면 매수한다, 반대로 거래량이 감소하면서 주가가 하락하면 매도한다. 또 거래량은 증가하는데 주가는 하락한다면 매도한다. 주가와 거래량 추이를 활용할 줄 아는 투자자가 그렇지 않은 투자자보다 시장에서 훨씬 유리하다.

갑자기 거래량이 급증하는 종목을 유심히 살피다가 실적과 재무상태까지 좋은 것을 확인했다면 매수하는 것이 좋다. 여기서는 '거래량이 급증하면서 주가가 상승해야 한다'는 조건이 반드시 뒷받침되어야 한다는 점을 주의한다. 그러나 거래량이 급증하면서 주가가 하락한다면 그 종목을 매수해서는 안 된다. 무엇인가 문제가 있기 때문에 거래량이 급증하면서 주가가 하락하는 것이다. 단기 매도해야 한다.

거래량은 세력과도 관련이 깊다. 주식시장에서 세력은 막대한 자금을 바탕으로 종목의 주가를 들썩이게 한다. 싸게 사서 비싸게 판다는 목적은 투자자와 같지만, 거액으로 주가에 영향을 미친다는 점에서 차이가 크다. 매수할 종목에 세력이 참여했는지를 일반투자자들이 알 수 있는 유일한 방법은 거래량의 추이를 판단하는 것뿐이므로 종목을 선정할 때는 반드시 거래량을 같이 봐야 한다. 거래량을 통해 세력의 거래를 따라가면서 수익 실현과 연결 지을 수도 있다.

만약 일평균 거래량이 10만 주인 기업에서 뜬금없이 일평균 거래량의 10배인 100만 주 또는 30배인 300만 주가 거래되며 주가가 상승한다면 이 종목은 단기 매수해야 한다. 세력이 들어왔다고 판단할 수 있으므로 추후 주가의 강한 상승까지도 예상해볼 수 있기 때문이다.

거래량을 '세력의 손바뀜' 또는 '세력의 매집(모으기)'으로도 본다. 거래량 차트를 '매집봉'이라 하기도 한다. 실적과 재무상태가 좋은 기업에 거래량 매집이 생기는 초창기는 무조건 매수 시점이다.

주가가 횡보하다가 거래량이 급증하면서 주가도 상승할 때 매수한다. 여기서 거래량 급증은 일평균 거래량의 최소 5배에서 많게는 20배 이상이 차이나는 물량을 의미한다.

알파홀딩스, 신진에스엠, 포스코 ICT, 모다이노칩, 덕산하이메탈의 일봉은 거래량이 거의 없이 주가가 횡보하다가 대량 거래가 터지면서 주가가 크게 상승하는 것을 확인할 수 있다. 바로 단기 매수 타이밍이다.

① 알파홀딩스

자료 2-137 **알파홀딩스 거래량**

② 신진에스엠

자료 2-138 **신진에스엠 거래량**

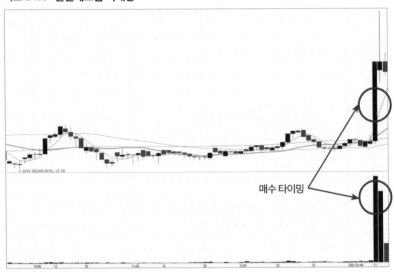

매수 타이밍

③ 포스코 ICT

자료 2-139 **포스코 ICT 거래량**

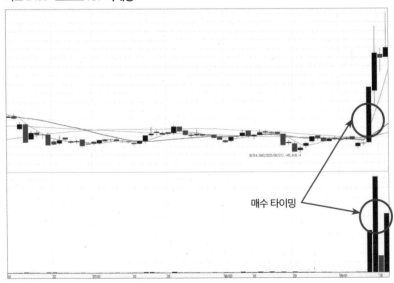

매수 타이밍

④ 모다이노칩

자료 2-140 **모다이노칩 거래량**

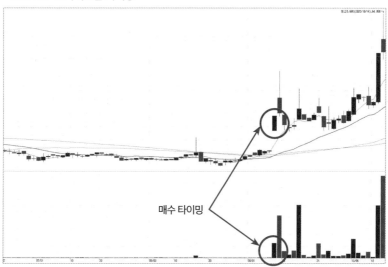

매수 타이밍

⑤ 덕산하이메탈

자료 2-141 **덕산하이메탈 거래량**

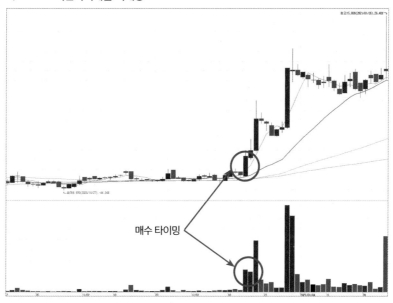

매수 타이밍

단기적으로 거래량이 급증한 종목 찾기

네이버금융 → 거래상위 → 급증 종목

주가가 오르고 거래량이 증가하고 차트가 정배열이라 할지라도, 또는 주가가 하락하면서 거래량도 감소하고 차트가 역배열이라 할지라도 주가는 재료(호재 또는 악재)에 의해서 압도된다. 무슨 뜻일까. 기술적 분석이 아무리 좋아도 기업에 대형 악재가 터졌다면, 즉 생산 중단 사태나 임원의 거액 횡령, 1차 부도가 났다면 주가는 급락할 것이다. 기술적 분석이 아무리 나빠도 기업에 대형 호재가 터졌다면, 즉 국내 최초로 코로나19 백신을 개발했다거나, 최초로 치료제를 개발했다거나, 중소형반도체 회사인데 삼성전자가 인수한다거나 하는 내용에 주가는 급등할 것이라는 의미이다.

주식투자에서 기업의 '재료'를 잘 아는 것도 중요한데, 개인투자자들이 투자하려

자료 2-142 네이버금융-거래량 급증 종목

N	종가	종목명	현재가	전일비	등락률	매수호가	매도호가	거래량	전일거래량	PER
1	24,269.77	오스템	3,600	▲ 585	+19.40%	3,595	3,600	36,087,492	148,083	-8.33
2	19,827.43	한대사료	17,000	▲ 2,700	+18.88%	17,000	17,050	5,283,160	26,512	894.74
3	12,118.65	씨키에이치	391	↑ 90	+29.90%	391	0	57,032,978	466,770	-0.61
4	6,163.49	에코플러스티	2,450	▲ 305	+14.22%	2,445	2,450	7,293,641	116,447	-8.33
5	4,968.99	솔톤	9,060	▲ 1,690	+22.93%	9,060	9,070	15,678,628	309,305	-47.43
6	4,616.50	우리로	1,875	▲ 215	+12.95%	1,870	1,875	10,174,479	215,721	-12.10
7	4,333.70	환일사료	2,075	▲ 165	+8.64%	2,070	2,075	64,752,659	1,460,465	N/A
8	2,790.43	국전약품	8,180	▲ 1,430	+21.19%	8,170	8,180	2,827,622	97,827	79.42
9	2,782.73	비씨월드제약	19,700	▲ 2,000	+11.30%	19,700	19,750	2,855,225	99,046	37.52
10	2,443.02	코프라	5,670	▲ 300	+5.59%	5,660	5,670	7,759,652	305,135	12.12
11	2,274.32	피에스엠씨	1,680	▲ 180	+12.00%	1,680	1,685	4,143,671	174,520	-30.55
12	2,266.73	마이크로씨	562	▲ 32	+6.04%	562	563	43,918,933	1,855,676	-1.06
13	2,190.75	성호이엔지	5,850	▲ 450	+8.33%	5,850	5,860	1,971,396	86,059	1.01
14	1,783.84	팜스토리	2,360	▲ 245	+11.58%	2,360	2,365	185,094,223	9,825,350	-78.67
15	1,695.92	메디옥스	1,660	▲ 80	+5.00%	1,675	1,680	20,960,439	1,167,115	-6.77

188

는 기업에 대한 재료를 미리 알기는 어렵다. 따라서 기업의 재료가 노출됐을 때 호재와 악재를 판단할 수 있어야 하고, 그에 따라 매수나 매도에 순발력 있게 대처할 수 있어야 한다. 호재는 단기 매수 타이밍으로, 악재는 단기 매도 타이밍으로 기억해 둔다.

주가의 방향성을 결정하는 추세

주가가 아무렇게나 움직이는 것처럼 보여도 일정 기간을 정해서 놓고 보면 고점과 저점을 형성하면서 어떤 경향을 보인다. 저점과 저점, 또는 고점과 고점을 선으로 연결하면 주가가 어떻게 움직이는지 방향을 알 수 있다. 이를 '추세'라고 한다. 주가는 상승 추세나 하락 추세 또는 횡보 추세로 운동한다.

저점과 저점을 연결해 주가의 상승을 예상한다. 상승 추세 또는 상승으로 전환되는 추세에서는 종목을 매수한다. 반대로 고점과 고점을 연결해 주가의 하락을 예상한다. 하락 추세 또는 하락으로 전환되는 추세에서는 종목을 매도한다. 추세는 쉽게 꺾이지 않는 특징이 있는데, 특히 장기 추세는 신뢰할 수 있는 투자 지표 중 하나로 사용할 수 있다.

하락 추세 이후에 상승으로 반전하는 지점에서 매수하지만, 계속 하락을 거듭하다가 상승으로 전환하여 상승 추세가 시작되는 지점이 매수하기 가장 좋다. 반대로 상승 추세 이후에 하락으로 전환하는 지점에서는 매도한다.

한편, 시장의 수요와 공급이 균형을 이루는 일정한 시기를 횡보 또는 보합이라고 하는데, 이 시기의 주가는 어떤 방향으로 움직일지 예상하기 어렵다. 추세가 형성되기 위한 힘을 쌓는 기간이다.

Mentor's Strategy! **추세에 따라 달라지는 매매 타이밍**

① 상승 추세: 아바코

아바코의 주가는 상승 추세다. 거래량이 급증하며 주가가 상승했다. 일정 기간 조정을 거쳐 차트 시점으로 최근에 재차 상승하는 모습을 볼 수 있다. 거래량이 조금씩 증가하면서 주가도 상승한 것은 좋지만 위꼬리가 길게 발생한 것으로 보아 후에 조정을 예상할 수 있다. 그러나 한편으로 주식은 확률에 따라 달라질 수 있으므로 세력이 개미의 물량을 가

자료 2-143 **아바코 상승 추세**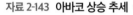

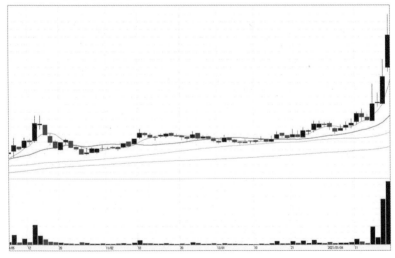

져가기 위해 위꼬리를 생성하면서 관리하다가 주가를 상승시킬 가능성
도 배제할 수 없다.

② 하락 추세: 휴마시스

휴마시스의 주가는 왼쪽에서 거래량을 실으면서 크게 상승했다. 장대
양봉 이후에 음봉이 나타나고 위꼬리를 달면서 조정을 거쳐 하락 추세로
전환했다. 이후 잠시 상승 반전을 노렸지만, 하락 추세로 다시 전환되었
기 때문에 이때는 매도하거나 매수를 보류해야 한다. 상승으로 전환되
는 시점까지 기다렸다가 매수한다.

자료 2-144 **휴마시스 하락 추세**

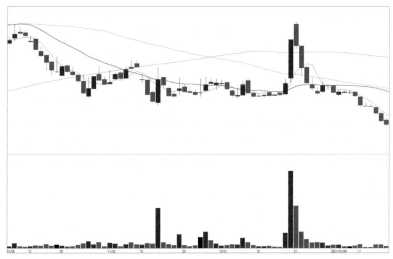

③ 상승 전환: 유앤아이

유앤아이의 주가는 상승으로 전환했다가 하락 반전으로 돌아섰다. 이후 다시 상승 전환을 시도하는 것을 볼 수 있는데, 이렇듯 모든 주가는 상승과 하락을 반복하는 경향이 있다. 차트상의 최근 시점은 상승 전환 시기로 이때 거래량이 증가하면서 주가가 상승한다면 단기 매수한다.

자료 2-145　유앤아이 상승 전환

④ 하락 전환: 에스티팜

에스티팜의 주가는 꽤 긴 기간 상승 추세를 지속하다 하락 반전했다. 이때는 매도하거나, 또는 매수를 보류한다. 추후에 상승 전환하는 시점이 왔을 때 매수하는 것이 좋다.

지지와 저항, 투자 심리로 타이밍을 예상하자

지지선과 저항선 알기

주가가 하락하다가 어느 시점에 이르면 더 떨어지지 않고 매수 세력이 강해지며 하락을 막는데, 이를 지지라고 한다. 반대로 주가가 상승하다가 어느 시점에 이르면 더 오르지 않고 매도 세력이 강해지며 상승을 막는데, 이를 저항이라 한다. 지지는 주가의 상승 추세와 저항은 주가의 하락 추세와 관련이 높다. 지지는 상승장에서 가장 낮은 점이고, 저항은 하락장에서 가장 높은 점이다.

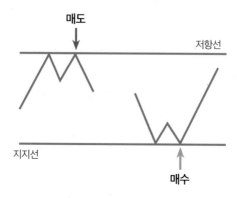

달리 말해 주가가 하락하다가 지지선에서 멈추면 저점 매수 타이밍이고, 주가가 상승하다가 저항선에서 멈추면 고점 매도 타이밍이다. 주가가 지지선을 깨고 아래로 내려가면 단기 매도 타이밍, 주가가 저항선을 깨고 위로 올라가면 단기 매수 타이밍이다.

차트에서 지지와 지지를 연결하면 지지선이 되고, 저항과 저항을 연결하면 저항선이 된다. 지지선과 저항선이 만드는 모양도 주가를 예상하는 자료로 활용할 수 있다.

이렇게 지지선과 저항선에서 거래가 주춤하며 모양을 만드는 이유는 투자 심리가 반영되었기 때문이다. 지지선에는 가격이 더 하락하기 전에 본전이라도 건지려는 투자자와 주가 상승을 기대하며 사들이는 투자자 사이에서 매수 · 매도가 일어난다. 저항선에서는 이후에 가격이 하락할 것을 염려하여 매도하는 투자자와 주가 상승을 기대하며 매수하는 투자자 사이에서 매수 · 매도가 일어나며 시장에 영향을 준다.

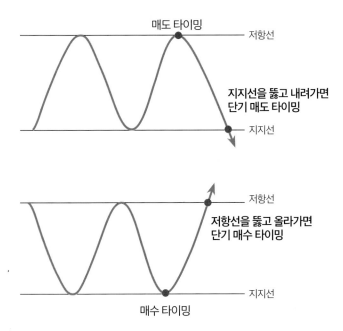

쌍바닥 패턴과 쌍고점 패턴으로 매매 타이밍 알기

주가의 저점과 고점에서 모양을 보고 매매 타이밍을 생각해 볼 수도 있다.

주가가 바닥에서 W모양으로 저점을 두 번 찍은 것을 쌍바닥 패턴 또는 이중 바닥형이라 한다. 주가가 상승 추세로 전환하는 것을 의미하며, 두 번째 저점에서 매수한다. 반대로 주가가 천장에서 M자 모양으로 고점을 두 번 찍은 것을 쌍고점 패턴 또는 이중 천장형이라 한다. 주가가 하락 추세로 전환하는 것을 의미하며 두 번째 고점에서 매도한다.

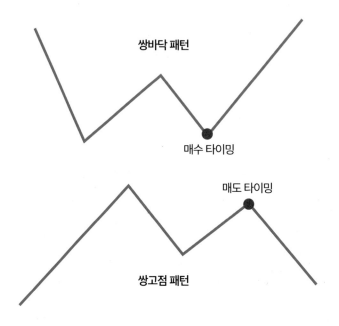

쌍바닥 패턴

매수 타이밍

매도 타이밍

쌍고점 패턴

또 다른 지지선과 저항선, 매물대

주가 매물대 차트에서 일정 기간, 특정 가격대에 매수와 매도가 빈번하게 일어난 지점을 매물대라고 한다. 거래된 가격대에서의 거래량을 막대그래프로 나타내는데 가장 긴 막대는 거래량이 가장 많은 가격을 나타낸다. 매물대 자체를 지지선 또는 저항선으로 놓고 거래에 활용할 수도 있다. 매물대가 없는 구간은 주가가 상승하기 쉽지만, 매물대가 있는 구간은 주가가 상승하기 어렵다고 판단한다. 이것은 하락 추세에서도 똑같이 적용되는데, 매수세와 매도세가 몰려 있는 지점에서 서로의 이익을 위한 활발한 전투가 벌어지기 때문이다.

매물대를 돌파할 때

매물대를 돌파하면 주가의 힘이 좋은 종목으로 상승을 기대할 수 있다. 티씨케이와 피앤이솔루션의 차트에서 상단에 있는 대형 매물대(가장 긴 막대그래프)를 돌파한 주가를 확인했을 때, 매물대에 대한 부담이 거의 없기 때문에 계속 상승 추세가 이어질 것이므로 매수를 고려한다.

① 티씨케이

자료 2-150 티씨케이 매물대

② 피앤이솔루션

자료 2-151 피앤이솔루션 매물대

대형 매물대

매물대가 부담이 될 때

대형 매물대가 현재 주가보다 위에 포진해 있으면 주가가 상승할 때 매물대에 발목을 잡히기 딱 좋다. 티플랙스와 프럼파스트의 차트에서는 주가에 부담을 주는 매물대를 확인할 수 있는데, 이 때문에 주가가 상승하기가 어렵다고 판단한다. 매물대를 통과한 이후에 상승 탄력을 받을 수 있을 것이다.

① 티플랙스

자료 2-152 **티플랙스 매물대**

② 프럼파스트

자료 2-153 **프럼파스트 매물대**

신고가는 주가가 새로이 최고 가격을 경신한 지점이다. 신고가 종목은 매물대가 없어서 주가가 강하게 상승할 확률이 높다. 지지선이 아래 매물대가 되며 상승 탄력을 강하게 받을 수 있다.

토탈소프트와 홍국의 차트에서는 대형 매물대를 모두 돌파하며 주가가 급등한 것을 확인할 수 있다. 매물대에 대한 부담이 없으면 주가는 자유롭다. 다만 이동평균선과 주가의 이격이 멀기 때문에 주가의 성향에 따라 이후에 가격이 하락할 수 있음을 주의해야 한다.

① 토탈소프트

자료 2-154 토탈소프트 신고가 매물대

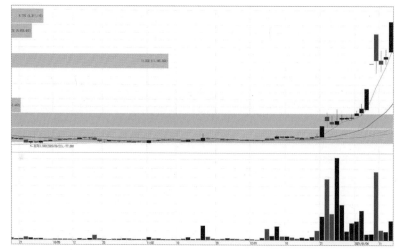

② 흥국

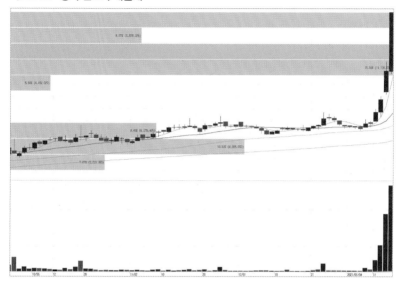

신저가 매물대의 매매 타이밍

신저가는 주가가 새로이 최저 가격을 기록한 지점이다. 신저가 종목은 매물대가 많아서 주가의 하락 압력이 높다. 강한 하락세이기 때문에 주가가 조금만 상승해도 위에 매물대에 걸려서 다시 하락하게 된다.

아스타와 디엔에이링크의 차트에서는 대형 매물대가 대부분 주가보다 위에 포진해 있음을 확인할 수 있다. 매물대에 대한 부담으로 주가가 상승 탄력을 받기 어렵다. 이후에 좋은 재료, 즉 호재가 나타나면 주가는 모든 매물대를 뚫고 급등할 수 있다.

① 아스타

자료 2-156 **아스타 신저가 매물대**

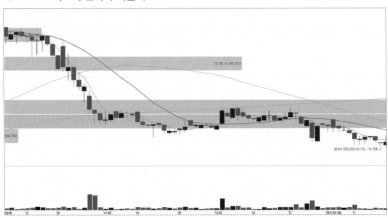

② 디엔에이링크

자료 2-157 **디엔에이링크 신저가 매물대**

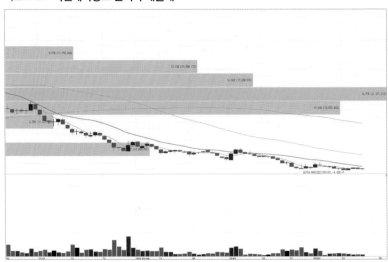

주식을 매수하면 무조건 수익을 내야 한다. 주식 매수로 수익이 나면 투자자는 여유가 생겨서 매수와 매도 타이밍을 기다릴 수 있고, 기다림을 더 큰 수익으로 연결할 수 있다. 반면에 주식 매수로 손실이 나면 투자자는 본전에 대한 미련이 생겨, 본전에 닿기만 하면 매도하겠다는 생각에 갇힌다. 그렇게 투자자 스스로가 매물대가 되는 것이다. 기술적 분석을 활용하여 수익을 내는 투자를 해야 한다.

단기 매매에서는 눌림목을 확인한다

눌림목은 상승세의 주가가 일시적으로 하락세를 보이며 조정을 거치는 구간을 말한다. 주가가 상승하면 투자자는 수익을 실현하려 하기 때문에 유동물량이 늘어나므로 일시적으로 거래가 주춤한다. 눌림목은 보통 단기 매매에서 사용하는 방법으로 주가가 오르다가 떨어지고 다시 오르는 상황을 이용하여 거래한다.

눌림목의 마지막 자리, 즉 이동평균선에 주가가 닿을 때 즈음 주식을 매수하여 수익을 낸다. 이때 이동평균선에 닿는다고 무조건 매수해서는 안 된다는 점을 반드시 기억해야 한다. 주가가 상승하고 조정을 거쳐 5일 이동평균선과 20일 이동평균선이 만나는 자리에서 매매한다. 만약 이 시점에서 거래량이 증가하면서 주가가 상승하고, 5일 이동평균선 역시 상승한다면 매수한다. 반대로 거래량이 감소하면서 주가가 하락하고, 5일 이동평균선도 하락한다면 매도하거나 매수를 보류해야 한다. 주가의 완만한 상승이 이루어지기 전까지는 계속해서 단기 대응이 필요하다.

| Mentor's Strategy! | 눌림목으로 알아보는 매매 타이밍 |

자료 2-158과 자료 2-159를 보면, 5일 이동평균선과 20일 이동평균선이 만나는 자리에서 거래량이 증가하고 주가도 상승하면서 5일 이동평균선이 상승하는 매수 타이밍을 확인할 수 있다. 이후에 주가는 지속적으로 상승했다.

자료 2-160을 보면, 5일 이동평균선과 20일 이동평균선이 만나는 자리에서 거래량이 감소하고 주가도 하락하면서 5일 이동평균선이 하락하는 매도 타이밍을 확인할 수 있다.

자료 2-161을 보면, 5일 이동평균선과 20일 이동평균선이 만나는 자리에서 거래량이 증가하고 주가도 상승하면서 5일 이동평균선도 상승하는 매수 타이밍을 확인할 수 있다. 이후에 주가가 상승하다가 하락하고 다시 상승 전환을 시도했지만 결국 눌림목에서 거래량이 감소하면서 주

자료 2-158 **눌림목 1**

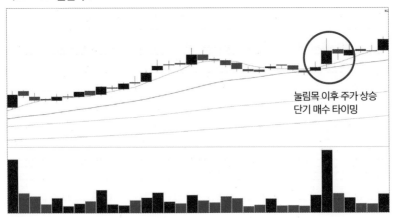

눌림목 이후 주가 상승
단기 매수 타이밍

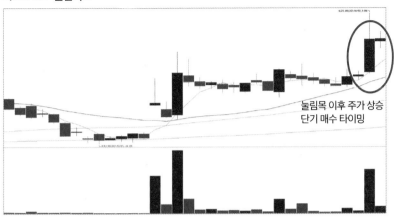

자료 2-159 **눌림목 2**

눌림목 이후 주가 상승
단기 매수 타이밍

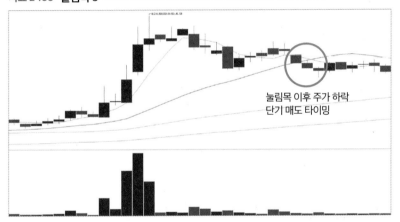

자료 2-160 **눌림목 3**

눌림목 이후 주가 하락
단기 매도 타이밍

가가 하락하고 5일 이동평균선도 하락했다. 단기 매도 타이밍이다.

자료 2-162를 보면, 주가가 꾸준하게 상승하다가 고점을 찍고 조정받은 것을 확인할 수 있다. 5일 이동평균선과 20일 이동평균선이 만나는 자리에서 거래량은 증가했지만, 주가는 하락했고 5일 이동평균선도 하

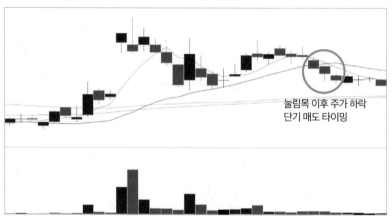

눌림목 이후 주가 하락
단기 매도 타이밍

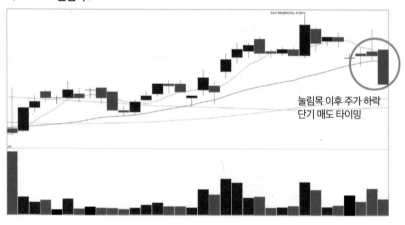

눌림목 이후 주가 하락
단기 매도 타이밍

락했다. 20일 이동평균선을 깨면서 하락세가 강하게 작용하면 단기 매도 타이밍이다. 주가는 다음 60일 이동평균선을 향해서 하락할 것이다.

일봉 또는 주봉에서도 눌림목 매매를 이용한다. 일봉과 주봉을 같이 살폈을 때 일봉과 주봉에서 모두 정배열이면 단기 매수 시점으로 가장 좋다. 또는 주가가 모든 이동평균선 위에 올라왔을 때도 매수하기 좋다.

눌림목 마지막 지점에서 주가는 상승할 수도 있고, 하락할 수도 있다. 그때 거래량과 주가의 움직임이 중요하다.

주식에는 정해진 답이 없기에 100퍼센트 확신을 가지고 투자하는 것은 위험하지만, 그렇기 때문에 상상하기 어려운 결괏값을 기대할 수도 있다. 그래서 주식투자가 매력적인 재테크 방법이 아닐까 싶다.

매매 타이밍의 강력한 신호

주식은 정배열일 때 매수하고, 역배열일 때 매도한다.

주식은 골든크로스일 때 매수하고, 데드크로스일 때 매도한다.

거래량과 주가의 상관관계

거래량이 증가하면 주가는 상승한다.

거래량이 감소하면 주가는 하락한다.

거래량은 세력의 힘이다.

일평균 거래량이 10만 주 이상인 종목만 매매한다.

일평균 거래량의 10배, 20배 이상의 거래량이 터지면서 주가가 상승하는 종목은 매수하고, 반대로 거래량이 터지면서 주가가 하락하는 종목은 매수하지 않는다. 보유하고 있다면 매도한다.

추세 전환에 따른 매수와 매도

상승으로 전환되는 추세에서는 매수한다.

하락으로 전환되는 추세에서는 매도한다.

주식은 싸다고 사고, 비싸다고 팔면 안 된다.

지지선과 저항선의 치열한 심리 공방

지지선에 닿고 상승하면 매수한다.

저항선에 닿고 하락하면 매도한다.

지지선을 뚫고 하락하면 매도한다.

저항선을 뚫고 상승하면 매수한다.

매물대가 주가에 미치는 영향

매물대가 없는 구간은 주가가 상승하기 쉽다.

매물대가 있는 구간은 주가가 하락하기 쉽다.

신고가를 기록하면 주가는 상승 탄력을 받는다.

신저가를 기록하면 주가는 하락 압력을 받는다.

눌림목을 활용한 단기 매매 타이밍

주가는 상승하고 하락하며 다시 상승하는 과정을 반복한다.

주가가 상승하다 조정을 거치면서 올라오는 이동평균선에 닿을 즈음

거래량이 증가하면서 주가가 상승하면 단기 매수 타이밍이고,

거래량이 감소하면서 주가가 하락하면 단기 매도 타이밍이다.

기관투자가와 외국인의 매수도
찾아볼 것: 수급
7단계

Q 기관투자가와 외국인의 수급이 중요하다고 하는데요, 이유가 무엇인가요?

A 기관투자가와 외국인은 개인투자자보다 정보 수집과 자금 동원 면에서 유리합니다. 따라서 시장에서는 기관투자가와 외국인의 매수를 질 좋은 정보의 획득이라고 받아들입니다. 기관투자가와 외국인이 매수한 종목들에서 주가 상승이 많았기 때문입니다. 기관투자가와 외국인이 거래하는 종목은 각 증권사의 HTS에서 확인할 수 있습니다.

쌍끌이 매수를 따라가자

주식시장에는 3대 매수 주체가 있다. 기관투자가(이후 기관)와 외국인투자자(이후 외국인) 그리고 개인투자자이다. 동학개미운동[*] 이후 폭발적으로 증가한 개인투자자의 매매 동향을 무시하기 어렵다. 그렇지만 기관과 외국인의 매매에 우선 주목해야 한다. 아니 그 매매에 동행해야 한다.

기관과 외국인의 매매는 개인투자자와는 천지 차이다. 뛰어난 정보력과 자금력이 우선 타의 추종을 불허한다. 개인은 단기 투자를 선호하고, 기관과 외국인은 중장기 투자를 선호하는 경향을 보인다.

증권사, 보험사, 은행, 투자신탁회사 그리고 연금기금(연기금), 사모펀드 등이 '기관투자가'이고, 외국계 투자회사와 외국계 금융회사가 '외국인 투자자'에 해당한다.

기관과 외국인이 순매수하는 종목은 실적이 뒷받침되는 가치주거나 성장주다. 정책과 관련된 테마주를 선제적으로 매수하기도 한다. 반대로 수익을 실현했거나, 또는 실적이 점점 나빠지는 종목은 꾸준히 매도한다.

기관과 외국인이 일정 기간 순매수하면 주가도 상승하므로 기관과 외국인이 순매수하는 주식을 따라서 매수하면 수익에 도움이 된다. 단, 기관과 외국인이 매수하고서 주가가 큰 폭으로 상승한 이후라면 따르지 않는 것이 낫다. 그들의 목적 역시 이익 실현이므로 매도를 준비하고 있기 때문이다. 기관과 외국인이 매수할 때 따라서 사고, 기관과 외국인이 매도할 때 따라서 파는 전략도 분명 도움이 된다.

실적이 동반된 매매, 저평가 종목, 그리고 미래가치가 있다는 전제에

● 동학개미운동: 코로나19의 영향으로 증시가 바닥으로 곤두박질쳤다. 2020년 3월 20일까지 기관과 외국인이 10조 원어치의 국내 주식을 매도했지만, 개인투자자들이 9조 원어치의 국내 주식을 대거 매수하면서 국내 증시 폭락를 방어했다. 이 일을 1894년 반외세 운동인 '동학농민운동'에 빗대어 '동학개미운동'이라 이름 붙이며 신조어를 탄생시켰다.

서 기관과 외국인과의 동행이 유효하다. 또, 기관과 외국인이 얼마 동안 꾸준히 순매수하는지가 중요하고, 또 어느 정도의 물량을 꾸준히 순매수하는지도 살펴야 한다. 예를 들어 하루 이틀만 매수하고 다음부터는 매수세가 보이지 않거나, 상장 주식수가 3,000만 주인데 5,000주씩 6일 동안 총 3만 주만 매수한다면 큰 의미를 부여하기 어렵다.

순매수 기간이 약 5~10여 일 지속되고 순매수량도 상장주식수 대비 또는 유동물량의 1퍼센트 이상이면 지켜볼 만한 가치가 있는 거래이다. 단, 기관과 외국인의 매매는 언제나 돌변할 수 있다는 점을 명심해야 한다. 가령, A종목을 기관과 외국인이 각각 10만 주씩 매수했다면 상당히 좋은 신호이다. 일명 '쌍끌이 매수'라 하는데 다음날 기관투자가와 외국인이 각각 8만 주씩 매도하고, 그다음날에는 기관과 외국인이 각각 나머지 2만 주씩 매도했다면, 기관과 외국인이 매수한 종목을 함께 매수한 의미를 찾을 수 없다.

기관과 외국인의 매수는 '기간'도 중요하고 '물량'도 중요하다. 기관과 외국인이 순매수한 종목을 추종하여 매매한다면 기관투자가와 외국인의 매매상황을 끊임없이 주시하는 것이 좋다.

만도의 기관과 외국인의 수급을 확인하는 방법

편리한 MTS

MTS를 통해 만도의 기관과 외국인의 수급을 확인할 수 있다. 1월 6일부터 1월 13일까지 연속 6거래일 동안 기관이 만도의 주식을 꾸준히 매도하고 있다는 것을 확인할 수 있다.

와이아이케이의 기관과 외국인의 수급을 확인하는 방법

실용적인 네이버금융

네이버금융 외국인·기관 순매매 거래량을 통해 와이아이케이의 기관과 외국인의 수급을 확인할 수 있다. 기관은 와이아이케이 주식을 꾸준히 매도하고, 외국인은 꾸준히 매수하다가 1월 13일 40여만 주를 매도한 것을 확인할 수 있다. 외국인의 지분 보유율도 확인할 수 있다.

자료 2-164 **와이아이케이 네이버금융-외국인·기관 순매매 거래량**

외국인 · 기관 순매매 거래량

날짜	종가	전일비	등락률	거래량	기관 순매매량	외국인 순매매량	외국인 보유주수	외국인 보유율
2021.01.13	6,370	▼ 120	-1.85%	1,366,916	-22,442	-402,228	882,914	1.09%
2021.01.12	6,490	▲ 160	+2.53%	5,043,904	+15,420	+492,893	1,285,142	1.59%
2021.01.11	6,330	▲ 100	+1.61%	1,691,177	-64,215	+69,563	792,249	0.98%
2021.01.08	6,230	▲ 20	+0.32%	992,075	-131,441	+65,885	722,686	0.89%
2021.01.07	6,210	▼ 30	-0.48%	898,092	-103,110	+23,321	656,801	0.81%
2021.01.06	6,240	▼ 60	-0.95%	1,369,867	-7,699	+2,515	633,480	0.78%
2021.01.05	6,300	▼ 30	-0.47%	1,562,309	-148,430	-38,603	630,965	0.78%
2021.01.04	6,330	▲ 80	+1.28%	2,247,082	-275,342	-223,504	669,568	0.83%
2020.12.30	6,250	▲ 290	+4.87%	3,005,618	-134,007	+352,309	893,072	1.11%
2020.12.29	5,960	▲ 90	+1.53%	784,229	-53,266	+8,936	540,763	0.67%
2020.12.28	5,870	▲ 50	+0.86%	1,033,684	-26,602	+196,362	531,827	0.66%
2020.12.24	5,820	▲ 110	+1.93%	625,796	-40,832	+68,178	335,465	0.42%
2020.12.23	5,710	▲ 10	+0.18%	508,450	+106,378	+9,035	267,287	0.34%
2020.12.22	5,700	▼ 160	-2.73%	661,048	-33,087	-4,927	258,252	0.32%
2020.12.21	5,860	▼ 80	-1.35%	1,005,073	-61,572	+36,828	263,179	0.33%

Mentor's Strategy! **HTS로 보는 외국인과 기관의 매매 종목**

외국인과 기관이 어떤 주식을 매수하고 어떤 주식을 매도했는지를 가장 제대로 알 수 있는 곳은 HTS다.

① 1월 15일, 외국인의 순매수 순매도

외국인의 수급은 HTS에서 확인한다. 외국인이 순매수한 종목은 추후 주가가 상승하고, 외국인이 순매도한 종목은 추후 주가가 하락하는 경

자료 2-165 **1월 15일 외국인 순매수 순매도 상위종목**

| | 외국인 상위 | | | |
| 순매수 | | | 순매도 | |
종목명	매매수량		종목명	매매수량
서울식품	1,518,043		KODEX 200선물인버스2X	-3,275,550
코디엠	815,369		삼성전자	-2,787,267
주성엔지니어링	774,937		삼성중공업	-1,516,455
신일전자	623,403		팔로시스헬스케어	-1,272,263
에이비프로바이오	594,119		LG디스플레이	-1,040,413
동양	533,058		KODEX 코스닥150선물인버스	-919,156
오성첨단소재	524,490		삼성전자우	-875,715
오리엔트정공	494,079		대우건설	-870,069
파인테크닉스	493,329		대한항공	-859,590
오리엔트바이오	491,877		SH에너지화학	-776,780
쌍방울	460,162		세종텔레콤	-747,001
영우디에스피	456,727		기아차	-634,682
디지탈옵틱	431,944		휴림로봇	-633,305
미래에셋대우	363,400		에스에이티	-618,348
이아이디	357,509		기업은행	-543,039
미래아이앤지	302,243		팬오션	-541,652
한솔홈데코	285,959		SK증권	-512,035
인텍플러스	276,748		코엔	-507,783
형지&C	254,813		우리금융지주	-503,412
사조동아원	253,427		두산인프라코어	-492,498

향을 보인다. 중요한 것은 매수량과 매수 기간이다. 긴 시간에 걸쳐 많은 양의 주식을 매수했다면, 매수하는 동안 그리고 이후에 주가가 오를 가능성이 높다. 반대로 많은 양의 주식을 매도했다면, 주가가 떨어질 가능성이 높다.

② 1월 15일, 기관의 순매수 순매도

기관의 수급은 HTS에서 확인한다. 외국인 순매수 순매도 결과와 비슷한 경향을 보인다. 중요한 것은 매수량과 매수 기간이다. 기관에서 순매수한 종목은 추후 주가가 상승할 가능성이 높고, 기관에서 순매도한 종목은 추후 주가가 하락할 가능성이 높다.

자료 2-166 1월 15일 기관 순매수 순매도 상위종목

기관 상위			
순매수		순매도	
종목명	매매수량	종목명	매매수량
KODEX 200선물인버스2X	9,853,121	삼성전자	-5,006,115
KODEX 인버스	1,227,766	KODEX 레버리지	-3,287,277
TIGER 200선물인버스2X	941,199	서울식품	-1,000,478
한화에어로스페이스	474,868	삼성 레버리지 WTI원유 선물 ETN	-881,808
서희건설	364,162	한국전력	-734,760
백광산업	333,170	대한항공	-647,512
ESR켄달스퀘어리츠	316,371	삼성중공업	-587,916
에넥스	316,160	한국토지신탁	-563,276
성안	299,934	TIGER 차이나전기차SOLACTIVE	-547,138
윈익QnC	284,975	기업은행	-529,297
티케이케미칼	274,840	KODEX 코스닥150선물인버스	-486,743
오성첨단소재	258,454	신한지주	-481,926
KODEX 코스닥 150	247,327	SK하이닉스	-468,202
TIGER 화장품	216,633	팬오션	-467,709
맥쿼리인프라	215,642	에이디칩스	-467,057
대우건설	213,848	미래에셋대우	-466,438
KODEX WTI원유선물(H)	212,462	TRUE 인버스 2X 나스닥 100 ETN	-440,943
TIGER 인버스	199,720	쌍용양회	-435,044
DGB금융지주	194,527	NH투자증권	-402,429
위지윅스튜디오	183,341	기아차	-394,472

③1월 1일~1월 15일, 외국인의 순매수 순매도

특정 기간에 걸친 외국인 수급은 HTS에서 확인한다. 단기간에 매수하는 종목보다는 한 달 이상, 6개월 등 장기간에 걸쳐 많은 양의 주식을 매수한 종목이 주가가 상승할 가능성이 높다. 반대로 많은 양의 주식을 매도한 종목은 주가가 떨어질 가능성이 높다. 기관과 외국인의 매매에서 순매수를 이어가기도 하지만 곧바로 순매도로 전환하는 경우도 있어서 추이를 잘 지켜볼 필요가 있다.

		외국인 상위		
	순매수		순매도	
종목명	매매수량	종목명		매매수량
TIGER MSCI Korea TR	13,299,263	삼성전자		-23,146,226
KODEX 200선물인버스2X	8,942,374	삼성전자우		-13,119,732
KODEX MSCI Korea TR	8,501,667	대성엘텍		-8,261,842
하나금융지주	6,408,061	신한 레버리지 WTI원유 선물 ETN(H)		-7,550,000
에이비프로바이오	5,188,409	LG전자		-3,258,725
미래에셋대우	4,981,360	KODEX 코스닥150선물인버스		-3,204,959
신한지주	4,426,792	이트론		-2,619,636
BNK금융지주	4,223,958	대한전선		-2,606,041
메리츠증권	3,954,302	기아차		-1,668,975
KB금융	3,646,453	동양물산		-1,648,898
KODEX 인버스	3,092,947	자안		-1,559,288
두산퓨얼셀	2,809,510	블로시스헬스케어		-1,457,662
이화전기	2,432,613	세종텔레콤		-1,288,239
LG디스플레이	2,271,384	휴림로봇		-1,276,498
우리금융지주	2,266,522	SK증권		-1,258,884
팬오션	2,237,415	KODEX 레버리지		-1,169,876
서울식품	2,123,653	한온시스템		-1,112,711
HMM	2,063,472	KODEX 코스닥 150		-1,111,058
LG유플러스	2,033,101	대영포장		-1,029,945
기업은행	1,944,658	현대모비스		-1,007,579

④ 1월 1일~1월 15일, 기관의 순매수 순매도

특정 기간에 걸친 기관의 수급은 HTS에서 확인한다. 오늘의 매수 종목은 물론 일정한 기간을 설정해서 최근 6개월 동안의 순매수한 상위종목, 순매도한 상위종목을 확인해 볼 수도 있다. 종목별 기관과 외국인의 매수·매도 내역은 MTS에서도 쉽게 확인이 가능하다.

자료 2-168 1월 1일-1월 15일 기관 순매수 순매도 상위종목

	기관 상위		
순매수		순매도	
종목명	매매수량	종목명	매매수량
신한 레버리지 WTI원유 선물 ETN(H)	23,848,825	KODEX 200선물인버스2X	-124,539,544
삼성 레버리지 WTI원유 선물 ETN	16,972,873	KODEX 인버스	-47,079,512
한화생명	8,243,191	삼성전자	-46,019,718
KODEX 코스닥150선물인버스	8,026,158	TIGER KRX2차전지K-뉴딜	-18,918,144
KODEX WTI원유선물(H)	6,599,640	TIGER MSCI Korea TR	-13,335,692
TIGER 원유선물Enhanced(H)	4,764,639	KODEX 2차전지산업	-12,995,251
KODEX 코스닥150 레버리지	2,366,901	자안	-10,207,182
티케이케미칼	2,258,271	한국전력	-8,819,109
ESR켄달스퀘어리츠	2,006,275	KODEX MSCI Korea TR	-8,530,796
신한 레버리지 천연가스 선물 ETN	1,925,770	TIGER 차이나전기차SOLACTIVE	-6,977,677
미래에셋 레버리지 원유선물혼합 ETN(H	1,825,799	기업은행	-5,526,152
KODEX 코스닥 150	1,787,977	TIGER 200선물인버스2X	-5,153,800
대우건설	1,519,515	팬오션	-5,085,621
씨아이에스	1,371,678	SK하이닉스	-5,012,061
에코프로	1,170,588	TIGER TOP10	-4,853,959
NEW	1,165,944	KODEX 레버리지	-4,746,880
KBSTAR 미국S&P원유생산기업(합성 H)	989,062	쌍용양회	-3,980,878
후성	986,741	미래에셋대우	-3,638,976
위지윅스튜디오	979,189	메리츠증권	-3,477,291
한국토지신탁	975,384	KT&G	-3,284,742

Mentor's Strategy! 기관과 외국인의 수급이 주가에 미치는 영향을 살펴보자

기관과 외국인이 꾸준하게 순매수하면 주가는 상승한다

① 티씨케이

MTS에서 티씨케이의 수급을 확인할 수 있다. 외국인이 꾸준하게 순매수하는 동안 주가가 지속적으로 상승했음이 보인다.

② 영우디에스피

MTS에서 영우디에스피의 수급을 확인할 수 있다. 기관투자가와 외국인이 함께 매수할 때가 가장 좋지만, 기관은 매도했는데 반대로 외국인은 매수했다면 매도 주식수와 매수 주식수를 더했을 때 매수가 플러스인 종목을 고른다. 7일간 기관이 약 30만 주를 순매도하고, 외국인이 약 60만 주를 순매수하였다. 순매수의 양이 순매도 양보다 많으므로 주가에 긍정적이라 판단할 수 있다.

자료 2-170 영우디에스피 MTS-기관, 외국인 순매수

③ 씨아이에스

네이버금융에서 씨아이에스의 수급을 확인할 수 있다. 5일 동안 기관과 외국인이 순매수한 양은 약 130만 주이다. 그에 따라 주가도 큰 폭으로 상승하였다.

자료 2-171 **씨아이에스 네이버금융-기관, 외국인 순매수**

④ **백광산업**

네이버금융에서 백광산업의 수급을 확인할 수 있다. 5일 동안 기관과 외국인이 순매수한 양은 약 190만 주이다. 그에 따라 주가도 큰 폭으로 상승하였다.

자료 2-172 **백광산업 네이버금융-기관, 외국인 순매수**

기관과 외국인이 꾸준하게 순매도하면 주가는 하락한다

① 셀트리온헬스케어

네이버금융에서 셀트리온헬스케어의 수급을 확인할 수 있다. 5일 동안 기관과 외국인이 순매도한 양은 약 100만 주이다. 그에 따라 주가도

자료 2-173　셀트리온헬스케어 네이버금융-기관, 외국인 순매도

큰 폭으로 하락하였다.

② 한국전력

네이버금융에서 한국전력의 수급을 확인할 수 있다. 5일 동안 기관과
외국인이 순매도한 양은 약 390만 주이다. 그에 따라 주가도 약 7퍼센트

하락하였다.

자료 2-174 **한국전력 네이버금융-기관, 외국인 순매도**

기관과 외국인이 매수한다는 것은 통상 그 회사의 실적이 좋거나 실적에 대한 기대감 등이 있을 때, 반대로 기관과 외국인이 매도한다는 것은 통상 그 회사의 실적이 나쁘거나 실적이 기대에 미치지 못할 때이다.

　　분기보고서나 반기보고서 또는 사업보고서가 나오기 전에 기관이나 외국인 투자자가 대량 매수하면 그 회사의 좋은 실적을 예상할 수 있고 반대로 기관이나 외국인이 대량으로 매도하면 그 회사의 좋지 않은 실적을 예상할 수 있다.

최신 뉴스를 제대로
살펴봐야 한다
8단계

Q '유상증자'와 '무상증자' 무엇인가요?

A 기업이 자본금을 늘리기 위해서 주식을 발행하는 것을 '증자'라고 합니다.
유상증자는 회사가 운영자금이나 시설자금을 마련할 때 기존 주주들에게
주식을 보유비율대로 돈을 받고 파는 것을 말합니다. 유상증자는 시장에서
악재로 받아들입니다. 무상증자는 기존 주주들에게 주식을 보유비율대로
무상으로 지급하는 것을 말합니다. 무상증자는 시장에서 호재로 받아들입
니다.

주식 종목을 발굴할 때는 기업의 공시도 확인한다. 기업에 관한 최신
소식을 지속적으로 확인해야 한다. 필자는 보유한 3개의 종목과 관련해
서 매일 금감원의 전자공시시스템을 통해서 새로 올라온 공시가 있는지

확인하고 포털사이트를 검색하여 각 회사에 대한 뉴스를 살핀다. 카페나 블로그에 언급되는 내용도 그냥 지나치지 않는다. 주식을 매수하기 전에도 기업 공시를 확인해야 하지만, 주식을 보유하고 있을 때에도 보유 종목에 관한 기업 공시나 최신 뉴스를 놓치지 말아야 한다. 예를 들어 기업이 소송을 당했다는 소송공시나 임원의 배임 또는 횡령과 관련한 공시, 운영자금 등이 부족해서 유상증자나 특수사채를 발행한다는 공시, 다른 곳에 투자해서 대량 손실이 발생했다는 다양한 악재성 공시에 주가는 크게 영향을 받는다. 특히 악재성 공시에 대처하려면 무관심해서는 안 된다. 상장기업의 각종 공시는 금감원의 전자공시시스템에서 확인할 수 있다.

만도의 공시를 확인하는 방법

없는 게 없는 금감원 전자공시시스템

금감원 전자공시시스템을 통해서 만도에 대한 공시를 확인할 수 있다. 임원·주요주주특정증권등소유상황보고서와 분기보고서 등을 통해 기업에 대한 정보를 파악한다.

자료 2-175 **만도 전자공시시스템**

번호	공시대상회사	보고서명	제출인	접수일자	비고
1	유 만도	임원·주요주주특정증권등소유상황보고서	국민연금공단	2021.01.07	
2	유 만도	임원·주요주주특정증권등소유상황보고서	신현숭	2020.12.28	
3	유 만도	사외이사의선임·해임또는중도퇴임에관한신고	만도	2020.12.24	
4	유 만도	사외이사의선임·해임또는중도퇴임에관한신고	만도	2020.12.24	
5	유 만도	사외이사의선임·해임또는중도퇴임에관한신고	만도	2020.12.24	
6	유 만도	사외이사의선임·해임또는중도퇴임에관한신고	만도	2020.12.24	
7	유 만도	사외이사의선임·해임또는중도퇴임에관한신고	만도	2020.12.24	
8	유 만도	동일인등출자계열회사와의상품·용역거래	만도	2020.12.23	공
9	유 만도	특수관계인과의내부거래	만도	2020.12.23	공
10	유 만도	임원·주요주주특정증권등소유상황보고서	국민연금공단	2020.12.04	
11	유 만도	대규모기업집단현황공시[분기별공시(개별회사용)]	만도	2020.11.30	공
12	유 만도	임원·주요주주특정증권등소유상황보고서	류기활	2020.11.27	
13	유 만도	임원·주요주주특정증권등소유상황보고서	김기영	2020.11.20	
14	유 만도	임원·주요주주특정증권등소유상황보고서	박태성	2020.11.18	
15	유 만도	분기보고서 (2020.09)	만도	2020.11.16	

1 2 3   [1/3] [총 31건]

실용적인 네이버금융

네이버금융 뉴스·공시 코너를 통해 만도의 공시나 뉴스를 확인할 수 있다.

228

| 종합정보 | 시세 | 차트 | 투자자별 매매동향 | **뉴스·공시** | 종목분석 | 종목토론실 | 전자공시 | 공매도현황 |

| 종목뉴스 | ✓제목 | ✓내용 | | 종목뉴스 안내 ? |

제목	정보제공	날짜
[CES 2021]세계 첫 무체인 페달…만도 '이동의 자유' 드라이…	서울경제	2021.01.11 15:38
만도, CES 2021서 새 비전 '이동의 자유' 선보여	아시아경제	2021.01.11 14:18
└ 만도, CES에서 안전·자유 더해진 '이동의 자유' 공개	서울경제	2021.01.11 13:17
만도, '자유 장착형 운전대'로 CES 2021 혁신상 수상	서울경제	2021.01.05 18:02
└ [CES 2021] 만도, 첨단 운전 시스템 '혁신상' 수상	파이낸셜뉴스	2021.01.05 18:00
관련뉴스 3건 더보기 ∨		
'자율주행기술 순항' 만도, '2020 ICT 특허경영대상' 최고상	서울경제	2020.12.30 13:21
└ 만도, '2020 ICT특허경영대상'서 최고상 수상	이데일리	2020.12.30 09:23
만도, ESG 선도기업으로 선정	매일경제	2020.12.10 14:06
└ 만도, '2020 지속가능경영유공 정부포상' 국무총리 표창 수상	서울경제	2020.12.10 10:20
관련뉴스 2건 더보기 ∨		
만도, 한 달새 주가 53% '급등'…영업익 1000억 시대 열린다[분…	한국경제	2020.12.07 11:13
만도, 4분기 영업이익 1000억원 전망…"실적개선 초입"	아시아경제	2020.12.05 17:24
[Bull&Bear] 세계 車수요 회복에 만도 주가 킹충	매일경제	2020.12.03 17:36
만도·SK렌터카, 스마트 정비 서비스 '맞손'	이데일리	2020.12.03 09:24
만도, 순조로운 사업확장과 고객 다변화…목표가↑-NH	이데일리	2020.12.02 08:09

1 2 3 4 5 6 7 8 9 맨뒤 ▶▶

와이아이케이의 공시를 확인하는 방법

없는 게 없는 금감원 전자공시시스템

전자공시시스템을 통해서 와이아이케이에 대한 공시를 확인할 수 있다. 임원·주요주주특정증권등소유상황보고서와 자기주식처분결정 그리고 분기보고서 등을 통해 기업에 대한 정보를 파악한다.

| 회사명 | 와이아이케이 | | | | 회사명찾기 ▸ | ☑ 최종보고서 | | 검색 🔍 |
| 기간 | 20200713 | ~ | 20210113 | | 1주일 1개월 6개월 1년 2년 3년 전체 | | | |

☐ 정기
공시　☐ 주요사항
보고　☐ 발행
공시　☐ 지분
공시　☐ 기타
공시　☐ 외부감사
관련　☐ 펀드
공시　☐ 자산
유동화　☐ 거래소
공시　☐ 공정위
공시

조회건수 15 ▾

번호	공시대상회사	보고서명	제출인	접수일자	비고
1	🅒 와이아이케이	임원·주요주주특정증권등소유상황보고서	김수목	2021.01.06	
2	🅒 와이아이케이	자기주식처분결과보고서	와이아이케이	2020.12.29	
3	🅒 와이아이케이	주요사항보고서(자기주식처분결정)	와이아이케이	2020.12.29	
4	🅒 와이아이케이	주식등의대량보유상황보고서(일반)	샘텍	2020.12.21	
5	🅒 와이아이케이	주식명의개서정지(주주명부폐쇄)	와이아이케이	2020.12.16	🅒
6	🅒 와이아이케이	전환청구권행사	와이아이케이	2020.12.08	🅒
7	🅒 와이아이케이	주식등의대량보유상황보고서(일반)	샘텍	2020.12.02	
8	🅒 와이아이케이	임원·주요주주특정증권등소유상황보고서	이창원	2020.12.02	
9	🅒 와이아이케이	임원·주요주주특정증권등소유상황보고서	윤상용	2020.12.02	
10	🅒 와이아이케이	임원·주요주주특정증권등소유상황보고서	송호성	2020.12.02	
11	🅒 와이아이케이	임원·주요주주특정증권등소유상황보고서	박은준	2020.12.02	
12	🅒 와이아이케이	임원·주요주주특정증권등소유상황보고서	박상민	2020.12.02	
13	🅒 와이아이케이	임원·주요주주특정증권등소유상황보고서	김정일	2020.12.02	
14	🅒 와이아이케이	단일판매·공급계약체결	와이아이케이	2020.11.23	🅒
15	🅒 와이아이케이	분기보고서 (2020.09)	와이아이케이	2020.11.16	

◀◀ ◀ 1 2 3 ▶ ▶▶　　　　　[1/3] [총 33건]

Mentor's Strategy! 최신 뉴스 꼼꼼하게 읽기

상장기업의 공시는 전자공시시스템의 최근 공시란을 통해서 날짜별로 확인할 수 있고, 궁금한 회사별로 알아볼 수도 있다. 주식투자자들은 1년에 적어도 4번은 금감원 전자공시시스템을 이용하여 정기보고서(분기/반기/사업보고서)를 살핀다.

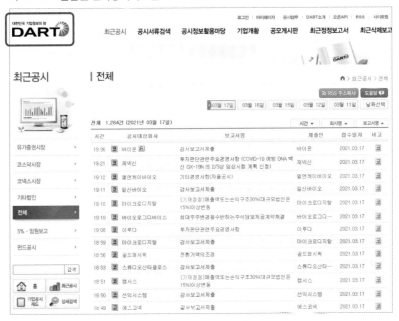

① 클리오

클리오의 전자공시 내용을 확인해 볼 수 있다. 분기보고서, 기업설명회, 반기보고서 등을 확인할 수 있다. 기업의 분기보고서에는 그 회사의 중요한 내용이 모두 들어가 있다. 정보를 꼼꼼하게 읽고 이해하는 습관이 필요하다.

자료 2-179 클리오 전자공시시스템

자료 2-180 클리오 전자공시시스템-분기보고서

② 리노공업

리노공업의 전자공시 내용을 확인해 볼 수 있다. 현금·현물배당결정, 분기보고서, 주식등의대량보유상황보고서 등을 확인할 수 있다. 주식을 매수하기 전 항상 금감원의 전자공시시스템을 통해 매수하는 종목에 대한 공시 내용을 확인하고 매수 여부를 결정하는 것이 좋다.

자료 2-181 리노공업 전자공시시스템

보고 또 봐야 할 정기보고서의 호재성 공시

공시에는 어떤 내용들이 포함되었는지, 확인한 공시가 호재인지 악재인지를 스스로가 판단할 수 있어야 한다. 호재라고 판단하면 그 주식을 단기 매수해야 하고, 악재라고 판단하면 그 주식은 단기 매도해야 한다.

대표적인 호재성 공시는 ① 단일판매·공급계약 체결, ② 주식 등의 대량보유상황보고서(기관투자가 지분 취득), ③ 자사주 취득 및 주식소각, ④ 무상증자, ⑤ 현금·현물배당 결정, ⑥ 매출액 또는 손익구조 30퍼센트(대규모 법인은 15퍼센트)이상 변동 이익(+) 등이 있다.

호재성 공시에서 곧바로 주가에 영향을 미치는 것은 일정 금액 이상의 '단일판매·공급계약체결'이다. 연 매출액이 1,000억 원인 회사에서 계

자료 2-182 포스코 ICT 단일판매·공급계약 체결

단일판매 · 공급계약체결		
1. 판매·공급계약 내용		2021년 POSCO IT Outsourcing SLA 계약
2. 계약내역	조건부 계약여부	미해당
	확정 계약금액	154,640,102,996
	조건부 계약금액	0
	계약금액 총액(원)	154,640,102,996
	최근 매출액(원)	969,787,009,533
	매출액 대비(%)	16.0
3. 계약상대방		(주)포스코
-최근 매출액(원)		64,366,847,807,959
-주요사업		제선, 제강 및 압연재의 생산과 판매
-회사와의 관계		최대주주
-회사와 최근 3년간 동종계약 이행여부		해당
4. 판매·공급지역		서울, 포항, 광양
5. 계약기간	시작일	2021-01-01
	종료일	2021-12-31
6. 주요 계약조건		○ 주요 서비스 내용 - POSCO Biz. 시스템 운영(스마트팩토리 포함) - 조업통신 등 통신인프라 운영 및 정비 - 보안시스템 운영 및 정비 - 데이터센터, 서버, 네트워크 등 인프라 운영 등
7. 판매·공급방식	자체생산	해당
	외주생산	해당
	기타	-
8. 계약(수주)일자		2020-12-31
9. 공시유보 관련내용	유보기한	-
	유보사유	-
10. 기타 투자판단에 참고할 사항		
- 최근 매출액은 2019년 연결 매출액 기준임. - 계약상대방의 최근 매출액은 2019년 연결 매출액 기준임. - 상기 계약금액은 부가가치세 제외 금액임.		
※ 관련공시		

약체결금액이 10억 원이라면 주가에 미치는 영향은 거의 없을 것이다. 반면에 계약체결금액이 300억 원 정도라면 주가도 큰 폭으로 상승할 수 있다.

자료 2-182는 포스코 ICT의 '단일판매·공급계약체결 공시'이다. 매출액의 16퍼센트에 해당하는 대형 계약이므로 주가에도 긍정적으로 작용한다.

자료 2-183은 삼성바이오로직스 '단일판매·공급계약 체결 공시'이다. 매출액의 31퍼센트에 해당하는 대형계약이다. 주가에도 긍정적이다. 계약기간이 2020년부터 2024년까지라는 점도 확실하게 짚어야 한

자료 2-183 삼성바이오로직스 단일판매·공급계약 체결

단일판매 · 공급계약 체결		
1. 판매 · 공급계약 구분		기타 판매 · 공급계약
- 체결계약명		의약품 위탁생산계약
2. 계약내역	계약금액(원)	222,547,813,326
	최근매출액(원)	701,591,859,755
	매출액대비(%)	31.72
	대규모법인여부	해당
3. 계약상대		F.Hoffmann-La Roche Ltd
- 회사와의 관계		-
4. 판매 · 공급지역		-
5. 계약기간	시작일	2020-06-01
	종료일	2024-12-31
6. 주요 계약조건		-
7. 계약(수주)일자		2021-01-15
8. 공시유보 관련내용	유보사유	-
	유보기한	-
9. 기타 투자판단과 관련한 중요사항		
- 해당 계약은 2020년 6월 8일에 공시된 '투자판단 관련 주요경영사항'에 대한 원제 의약품 위탁생산 본계약 체결건임		
- 상기 계약금액은 '투자판단 관련 주요경영사항' 공시금액 USD 202,261,031.83에 2021년 1월 15일 최초 매매기준율 (1,100.30원/$)를 적용한 금액임		
- 상기 계약기간 종료일은 생산일정 등 계약조건 변경에 따라 변동 가능함		
※ 관련공시		2020-06-08 투자판단 관련 주요경영사항

다. 계약기간 4년 동안 계약금액이 약 2,200억 원인 것과 계약기간 1년 동안 계약금액이 약 2,200억 원인 것은 주가에 미치는 영향이 다르다. 후자가 더 긍정적으로 작용한다.

기관투자가들의 주식 매수는 주가에 긍정적으로 작용한다. 기관투자가가 주식을 매수한 다음에 '주식 등의 대량보유상황보고서'를 제출하면 호재로 받아들인다.

자료 2-184는 코세스 주식 등의 대량보유상황보고서이다. 코세스 공시에 외국계 그룹이 지분을 5.06퍼센트 취득했다는 내용으로 주식 등의

자료 2-184 코세스 주식등의 대량보유상황보고서

주식등의 대량보유상황보고서

(약식서식 : 자본시장과 금융투자업에 관한 법률 제147조에 의한 보고 중 '경영권에 영향을 주기 위한 목적'이 아닌 경우 및 보고자가 동조 제1항 후단에 따른 전문투자자인 경우)

금융위원회 귀중   보고의무발생일 :   2020년 03월 19일
한국거래소 귀중   보고서작성기준일 :   2020년 03월 19일

보고자 :   Credit Suisse Group AG

위 대리인 법무법인(유한) 세종
담당변호사 김 상 만

요약정보			
보고특례 적용 전문투자자 구분	-		
발행회사명	(주)코세스	발행회사와의 관계	-
보고구분	신규		
보유주식등의 수 및 보유 비율		보유주식등의 수	보유비율
	직전 보고서	-	-
	이번 보고서	853,117	5.06
보고사유	신규보고의무 발생		
보유목적	단순투자		

236

대량보유상황보고서가 공시되었다. 5퍼센트룰[*]에 따라 공시를 했는데 당시 필자도 이 내용을 확인하고 코세스 주식을 매수해서 수익을 내기도 했다.

'자사주 취득 및 자사주 소각'은 호재이다. 자사주는 기업이 직접 매수할 수도 있고, 신탁계약을 맺고 금융기관이 대신 매수할 수도 있다. 신탁계약을 맺고 자사주를 매수하는 경우, 증권사의 주식 매수가 마치 기관이 매수하는 것처럼 보일 수도 있다는 점을 주의해야 한다. 자사주 매입은 주식의 유동물량을 줄여주기 때문에 주가에는 호재로 작용하고, 매수한 자사주를 기업이 소각하면 주주의 가치가 올라가기 때문에 더욱더

자료 2-185 해마로푸드서비스 자기주식취득 신탁계약 체결 결정

자기주식취득 신탁계약 체결 결정

1. 계약금액(원)				5,000,000,000		
2. 계약기간	시작일			2020년 12월 01일		
	종료일			2021년 06월 01일		
3. 계약목적				당사 주식의 가격 안정과 주주보호 및 기업 이미지 제고		
4. 계약체결기관				미래에셋대우		
5. 계약체결 예정일자				2020년 12월 01일		
6. 계약 전 자기주식 보유현황	배당가능범위 내 취득(주)	보통주식	8,579,397	비율(%)		8.4
		기타주식	–	비율(%)		–
	기타취득(주)	보통주식	–	비율(%)		–
		기타주식	–	비율(%)		–
7. 이사회결의일(결정일)				2020년 12월 01일		
– 사외이사참석여부	참석(명)					2
	불참(명)					0
– 감사(사외이사가 아닌 감사위원)참석여부				참석		
8. 위탁투자중개업자				미래에셋대우		

● 5퍼센트 룰: 코스닥을 포함한 상장기업의 주식을 5퍼센트 이상 보유하면 5일 이내에 주식의 보유상황과 보유목적을 금융감독원과 한국거래소에 보고해야 하는 제도를 말한다.

큰 호재로 받아들인다.

자료 2-185는 해마로푸드서비스(2021년 3월 29일, 맘스터치앤컴퍼니로 상호를 변경함)의 '자기주식취득 신탁계약체결 결정'에 관한 내용이다. 주식가격을 안정시키고 주주를 보호하고 기업 이미지 제고를 위해 자사주 매입을 결정한다는 내용이다. 주식 매수를 미래에셋대우가 실행한다는 내용도 같이 확인할 수 있다.

자료 2-186 코세스 주식소각 결정

주식소각 결정		
1. 소각할 주식의 종류와 수	보통주식(주)	267,000
	종류주식(주)	-
2. 발행주식총수	보통주식(주)	16,851,962
	종류주식(주)	-
3. 1주당 가액(원)		500
4. 소각예정금액(원)		2,002,500,000
5. 소각을 위한 자기주식 취득 예정기간	시작일	-
	종료일	-
6. 소각할 주식의 취득방법	기취득 자기주식	
7. 소각 예정일	2020-08-27	
8. 자기주식 취득 위탁 투자중개업자	-	
9. 이사회결의일	2020-08-18	
-사외이사 참석여부	참석(명)	1
	불참(명)	-
-감사(감사위원) 참석여부	참석	
10. 공정거래위원회 신고대상 여부	해당	
11. 기타 투자판단에 참고할 사항	1. 상기 자기주식의 소각은 배당가능이익으로 취득한 자기주식의 소각으로 자본금의 감소는 없습니다. 2. 자기주식 소각의 법적 근거는 상법 제343조 제1항의 단서규정을 준용합니다. 3. 자사주 소각의 목적은 '주가 안정 및 주주가치 제고' 입니다. 4. 소각예정금액은 소각대상 자기주식수에 이사회결의일 전일의 종가(7,500원)를 곱한 금액입니다. 5. 7항 소각예정일은 관계기관과의 협의에 따라 변경 될 수 있습니다.	
	※관련공시	-

자료 2-186은 코세스가 자기주식 26만 7,000주에 대한 '주식소각 결정'에 관한 내용이다. 이 내용은 주가에 긍정적이다. 결정내용에서 알 수 있듯이 자사주 소각의 목적은 주가 안정 및 주주가치 제고이다. 기업의 무상증자는 호재이다. 무상증자의 규모에 따라 주가에 미치는 영향이 다르다.

자료 2-187은 오파스넷의 '무상증자 결정'에 관한 내용이다. 오파스넷

자료 2-187 오파스넷 무상증자 결정

무상증자 결정

1. 신주의 종류와 수	보통주식 (주)	7,834,528
	기타주식 (주)	–
2. 1주당 액면가액 (원)		500
3. 증자전 발행주식총수	보통주식 (주)	4,025,902
	기타주식 (주)	–
4. 신주배정기준일		2021.01.01
5. 1주당 신주배정 주식수	보통주식 (주)	2
	기타주식 (주)	–
6. 신주의 배당기산일		2021.01.01
7. 신주권교부예정일		–
8. 신주의 상장 예정일		2021.01.21
9. 이사회결의일(결정일)		2020.12.15
– 사외이사 참석여부	참석(명)	1
	불참(명)	0
– 감사(감사위원)참석 여부		참석

10. 기타 투자판단에 참고할 사항

1) 무상증자 배정내역

[단위 : 주]

구 분	무상증자 전	무상증자 배정내역	무상증자 후
보통주식	3,917,264	7,834,528	11,751,792
자기주식	108,638	–	108,638
합 계	4,025,902	7,834,528	11,860,430

2) 신주배정방법 : 2021년 01월 01일 현재 주주명부에 등재된 주주(자기주식 제외)에 대하여 소유주식 1주당 신주 2주의 비율로 배정할 예정입니다.

의 무상증자 소식으로 주가가 급등했다. 그러나 실제로 무상증자를 발표하자 주가는 하락했다. '소문에 사서 뉴스에 팔아라'라는 주식시장의 유명한 격언이 실현된 셈이다. 이 공시는 1주당 신주배정 주식수가 2주인 무상증자다. 예를 들어 1주당 0.1주를 배정한다면 호재성 공시로 인식하여도 주가에 영향을 미치지 않을 수 있다. 반면에 1주당 1주를 배정

자료 2-188 파트론 현금·현물배당 결정

현금 · 현물배당 결정		
1. 배당구분		결산배당
2. 배당종류		현금배당
- 현물자산의 상세내역		-
3. 1주당 배당금(원)	보통주식	250
	종류주식	-
- 차등배당 여부		미해당
4. 시가배당율(%)	보통주식	2.39
	종류주식	-
5. 배당금총액(원)		12,789,102,500
6. 배당기준일		2020-12-31
7. 배당금지급 예정일자		-
8. 승인기관		주주총회
9. 주주총회 예정일자		-
10. 이사회결의일(결정일)		2020-12-11
- 사외이사 참석여부	참석(명)	1
	불참(명)	0
- 감사(감사위원) 참석여부		참석
11. 기타 투자판단과 관련한 중요사항		
1. 상기 시가배당율은 주주명부폐쇄일 2매매거래일 전부터 과거 1주일간의 코스닥시장에서 형성된 최종가격의 산술평균가격에 대한 1주당 배당금의 백분율로 산정하였습니다. 2. 배당금 총액은 공시일 현재 총발행주식 54,156,410주에서 무배당주인 자기주식 3,000,000주를 제외하고 산정되었으며, 배당기준일까지 자기주식 취득 및 처분에 따라 실제 배당금 총액은 변동될 수 있습니다. 3. 배당금지급 예정일자는 상법 제 464조2의 규정에 의거하며 주주총회일로 부터 1개월 내에 지급할 예정입니다. 4. 주주총회 예정일자는 이사회에서 결정되는대로 추후 주주총회소집결의 공시를 통해 안내할 예정입니다. 5. 상기 내용은 주주총회 승인 과정에서 변경될 수 있습니다.		
※ 관련공시		-

한다면 상당한 호재성 공시로 인식하면서 주가도 큰 폭으로 상승할 수 있다.

자료 2-188은 파트론의 '현금·현물배당결정'에 관한 공시이다. 배당 기준일 전에 파트론이 현금·현물배당 결정을 한 것이다. 배당투자를 원하는 투자자들에게는 긍정적이다. 그러나 이 규모의 배당 결정은 주 가에 거의 영향을 미치지 않는다. 다만 '배당하는 기업' 이미지는 주주들

자료 2-189 현대약품 매출액 또는 손익구조 30% 이상 변경 이익(+)

매출액 또는 손익구조 30%(대규모법인 15%)이상 변경				
※ 동 정보는 동사가 작성한 결산자료로서, 외부감사인의 감사결과 수치가 변경 될 수 있으므로 추후 「감사보고서 제출」 공시를 반드시 확인하여 주시기 바랍니다.				
1. 재무제표의 종류	개별			
2. 매출액 또는 손익구조 변동내용(단위:천원)	당해 사업연도	직전 사업연도	증감금액	증감비율 (%)
- 매출액(재화의 판매 및 용역의 제공에 따른 수익 액에 한함)	133,073,777	134,924,065	-1,850,288	-1.4
- 영업이익	2,863,100	1,562,952	1,300,148	83.2
- 법인세비용차감전계속사 업이익	2,699,578	1,043,097	1,656,481	158.8
- 당기순이익	2,191,359	1,158,310	1,033,049	89.2
- 대규모법인여부	미해당			
3. 재무현황(단위:천원)	당해 사업연도		직전 사업연도	
- 자산총계	156,764,797		145,473,091	
- 부채총계	66,691,961		57,892,837	
- 자본총계	90,072,836		87,580,254	
- 자본금	16,000,000		16,000,000	
- 자본총계/자본금 비율 (%)	563.0		547.4	
4. 매출액 또는 손익구조 변동 주요원인	경비 및 원가절감에 따른 영업이익 증대			
5. 이사회결의일(결정일)	2021-01-11			
- 사외이사 참석여부	참석(명)			0
	불참(명)			0
- 감사(사외이사가 아닌 감사위원) 참석여부	-			
6. 기타 투자판단과 관련한 중요사항				
- 상기 자료는 한국채택국제회계기(K-IFRS)에 따라 작성된 개별재무제표의 잠정 영업실적임 니다.				
- 상기 내용은 외부감사인의 감사결과 및 주주총회 결과에 따라 일부 변경될 수 있습니다.				
※ 관련공시 -				

에게 긍정적으로 작용한다.

매출액 또는 손익구조가 30퍼센트 이상 변동하면, 즉 매출액이나 손익구조 YoY가 30퍼센트 증가했다면 큰 폭의 주가의 상승을 기대할 수 있다. 자료 2-189 현대약품의 '매출액 또는 손익구조 변경 내역'을 보면 현대약품의 영업이익은 83.2퍼센트, 당기순이익은 89.2퍼센트 증가하였다. 주가에는 상당히 긍정적이다. 매출액이 −1.4퍼센트 감소한 점은 옥에 티다.

그 외에도 최대주주 지분 확대나 임직원의 지분 확대도 호재로 인식한다. 위와 같이 호재성 공시가 있을 때는 주식 매수에서 걱정할 것이 없다. 주식 종목 선정 방법에 따라 매수한다.

잊지 말아야 할 정기보고서의 악재성 공시

기업의 주가에 영향을 미치는 대표적인 악재성 공시는 ① 단일판매·공급계약 해지, ② 유상증자 또는 CB/BW 발행(전환사채권 발행결정), ③ 임원의 횡령 및 배임, ④ 감사보고서 한정의견 또는 의견거절, ⑤ 매출액 또는 손익구조 30퍼센트(대규모 법인은 15퍼센트)이상 변동 손실(−), ⑥ 파생상품 거래손실 발생, ⑦ 소송공시, ⑧ 최대주주 지분 축소, ⑨ 생산중단에 관한 내용이다.

'단일판매·공급계약 해지'는 주가에 크게 영향을 미친다. 기존에 상당한 양의 단일판매·공급계약 체결을 통해서 주가가 큰 폭으로 상승했다면 당연히 체결 해지 공시 후 주가가 그만큼 하락할 가능성이 크다.

단일판매 · 공급계약 해지 (자율공시)

1. 판매 · 공급계약 해지내용		IoT 스마트빌딩 시스템(기흥 ICT 밸리) 설치 계약
2. 해지내역	해지금액 (원)	950,000,000
	최근 매출액 (원)	18,314,368,990
	매출액 대비 (%)	5.2
3. 계약상대방		(주)에스엔케이
-회사와의 관계		-
4. 계약기간	시작일	2020-02-25
	종료일	2020-06-05
5. 주요 해지사유		- 계약상대방측에서 계약해지 통보에 따른 계약해지
6. 해지일자		2020-06-05
7. 기타 투자판단에 참고할 사항		1. 상기 계약해지일자는 계약해지통보를 접수받은 수령일입니다.
		2. 상기 '2. 최근매출액' 금액은 2018년 재무제표 기준입니다.
	※ 관련공시	2020-02-25 단일판매 · 공급계약체결 (자율공시)

자료 2-190은 아이엘사이언스가 전자공시를 통해 기존 단일판매 공급계약 체결을 해지한다고 밝힌 것이다. 매출액 대비 5.2퍼센트에 해당하는 공급계약이므로 주가에는 부정적으로 작용한다.

실적이 좋지 않은데, 적지 않은 액수를 운영자금 투입을 위해 유상증자한다는 공시까지 더해지면 주가도 하락한다. 자료 2-191은 진에어의 유상증자 결정 내용을 보여준다. 가장 보편적인 주주배정 후 실권주 일반공모의 방법으로 진행함을 확인할 수 있다. 기존에 주식을 가지고 있는 주주에게 우선 배정하고, 이후 대중에게 주식을 공모하겠다는 의미이다.

자료 2-192는 와이아이케이의 유상증자 결정에 관한 내용을 보여준

유상증자 결정		
1. 신주의 종류와 수	보통주식 (주)	15,000,000
	기타주식 (주)	-
2. 1주당 액면가액 (원)		1,000
3. 증자전 발행주식총수 (주)	보통주식 (주)	30,000,000
	기타주식 (주)	-
4. 자금조달의 목적	시설자금 (원)	-
	영업양수자금 (원)	-
	운영자금 (원)	105,000,000,000
	채무상환자금 (원)	-
	타법인 증권 취득자금 (원)	-
	기타자금 (원)	-
5. 증자방식		주주배정후 실권주 일반공모

다. 가장 보편적인 증자방식인 주주배정 후 실권주 일반공모의 방법이 아닌 제3자 배정증자를 확인할 수 있다. 주주 외에 발행회사와 특정한 관계를 맺은 임원이나 거래처, 거래은행을 배정해서 증자한다는 의미이다. 여기서 중요한 것은 '제3자가 누구냐'는 것이다. 와이아이케이는 반도체 관련 회사다. 유상증자 주식은 대한민국 최고의 기업인 삼성전자가 제3자 배정증자를 통해 인수하는 것으로 확인되었다. 유상증자는 분명 기업에는 악재지만, 오히려 이 경우는 시장에서 호재로 작용한다.

공시 전에 다양한 채널을 통해 호재성 소문이 퍼지면서 주가가 상승한다. 이후에 그 소문이 뉴스로 발표되면 오히려 주가가 떨어지기도 한다. 주가의 상승에는 호재성 소식에 대한 기대 심리가 반영되어 있다는 것도 알아두면 투자에 도움이 된다.

유상증자 결정

1. 신주의 종류와 수	보통주식 (주)	9,601,617
	기타주식 (주)	-
2. 1주당 액면가액 (원)		100
3. 증자전 발행주식총수 (주)	보통주식 (주)	64,256,976
	기타주식 (주)	-
4. 자금조달의 목적	시설자금 (원)	-
	영업양수자금 (원)	-
	운영자금 (원)	47,335,971,810
	채무상환자금 (원)	-
	타법인 증권 취득자금 (원)	-
	기타자금 (원)	-
5. 증자방식		제3자배정증자

【제3자배정 대상자별 선정경위, 거래내역, 배정내역 등】

제3자배정 대상자	회사 또는 최대주주와의 관계	선정경위	증자결정 전후 6월이내 거래내역 및 계획	배정주식수 (주)	비 고
삼성전자 주식회사	매출 거래처	회사의 경영상 목적 달성을 위해 투자자의 의향, 납입능력 및 시기 등을 고려하여 선정	지속적인 매출거래	9,601,617	1년간 전량 보호예수

투자에 도움이 되는
기업 분석 자료 2가지
9단계

Q 종목을 선택하고 분석할 때 어떤 자료가 투자에 도움이 될까요?

A 최근에 IR을 진행한 회사들에 주목할 필요가 있습니다. IR 이후에 주가가 상승하는 경우가 많기 때문입니다. 증권사에서 발행하는 리포트 수가 증가하는 종목도 유심히 보는 게 좋습니다. 긍정적인 리포트가 나온 다음 주가가 상승하는 경우가 많았기 때문입니다.

종목을 고를 때 기업 정보를 제대로 얻을 수 있는 곳이 많지 않다. 기업의 홈페이지 그리고 금감원 전자공시시스템 정도다. 그러나 그 정보만으로는 어떤 회사인지, 시장에서 어떠한 평가를 받는지 제대로 알기 어렵다. 이대로 확신하지 못한 채 투자하는 것이 옳을까? 모든 기업에서 필수적으로 만들지는 않지만, 기업 홈페이지나 전자공시시스템보다 자세

한 데이터를 얻을 수 있는 방법은 분명히 있다.

기업의 가능성은 IR에서 알 수 있다

투자자를 상대로 기업이 홍보활동을 펼치는 기업설명회를 IR이라고 한다. 1년에 3~4번 진행하는 회사가 있는가 하면 3~4년 동안 단 한 번을 진행하지 않는 회사도 있다. IR을 자주하는 기업에서는 자신감이 엿보인다. 투자자들에게 사업 내용을 설명하고 홍보하면서 나쁜 실적과 보이지 않는 미래를 이야기하는 기업은 없을 것이기 때문이다. 이러한 이유로 IR을 활발하게 하는 종목에 더 많은 관심을 가져야 한다. 필자의 경우, 주식 종목을 선정할 때 각 기업의 IR자료를 찾아본다. 내용의 긍정과 부정 여부를 확인하고, 현재의 실적과 추후 실적이 어떨지를 판단한다. 성장 가능성과 주가에 영향을 줄 만한 특별한 사항은 없는지 확인하는 것이 중요 포인트이다.

IR 자료는 한국거래소 전자공시https://kind.krx.co.kr를 통해 확인할 수 있다. 한국거래소 전자공시사이트에서는 상장회사의 공시는 물론 IPO^{Initial Public Offering}●현황 그리고 IR 자료, 정기보고서일정, 코스닥 기술분석보고서 등 다양한 자료를 제공한다. 'IR자료실' 배너를 클릭하면 각 회사의 기업설명회 개최 여부와 첨부한 서류 등을 다운받을 수 있다.

필자가 최근 매수한 덕산하이메탈도 작년 하반기에 여러 번에 걸쳐 IR

● IPO: 주식을 상장하는 방법 중 하나로 '기업공개'를 의미한다. 일반투자자가 주식을 살 수 있도록 주식과 경영 내용을 시장에 등록한다.

자료 2-193 한국거래소 전자공시-IR자료실

을 진행한 점이 매수에 영향을 미쳤다. 실적과 재무상태가 좋고, 기업설
명회도 자주 한다면 금상첨화다.

만도의 리포트를 확인하는 방법

편리한 MTS

MTS를 통해 만도의 리포트를 확인할 수 있다. 최신 소식, 긍정적인 내
용이 많은 기업의 주식이 추후 상승하는 경향이 강하다.

자료 2-194 **만도 MTS-리포트**

네이버금융의 종목분석 리포트에서 만도의 기업 정보를 확인할 수 있다. 어떤 기업에 투자할 때는 기업에 대한 설명을 꼭 파악한 후에 종목을 선택해야 한다.

자료 2-195 만도 네이버금융-종목분석 리포트

| 종목분석 리포트 |

종목분석 [롯데케미칼]중국 석탄 가격 급등에 따른 반사 수혜 전망
금주 중국 석탄 가격, 작년 저점 대비 약 70% 상승중국의 1월 초 석탄 가격은 톤당 782위안으로 작년 저점 대비 약 70% 상승 하였다. 1) 수요 측면에서는 코비드19 확진자 감소로 중국의 산업 활동이 회복하는 가운데 동절기 난방용 소비가 증가하고 있고, 2) 공급 측면에서는 불법... 키움증권 2021.01.12

종목명	제목	증권사	첨부	작성일	조회수
만도	4년 만에 맞이할 분기 영업이익 1천억원 시대..	키움증권	📄	20.12.04	19357
만도	고객 다변화와 ADAS 확대 재확인	IBK투자증권	📄	20.11.18	5133
만도	완연한 턴어라운드 시그널	미래에셋대우	📄	20.10.30	7781
만도	본격화될 실적 개선의 초입에서	키움증권	📄	20.10.30	4088
만도	ADAS 고성장과 전기차 업체향 공급이 이끄는 ..	하나금융투자	📄	20.10.30	4232
만도	실적, 미래 모두 확인	DB금융투자	📄	20.10.30	2875
만도	서프라이즈 이익의 질 개선	이베스트증권	📄	20.10.30	2440
만도	변곡점을 막 지났다	이베스트증권	📄	20.07.31	8603
만도	이또한 지나가리라	이베스트증권	📄	20.07.13	5329
만도	가벼워진 하반기	DB금융투자	📄	20.07.10	4855

와이아이케이의 IR자료를 확인하는 방법

효율적인 한국거래소 전자공시

IR자료는 한국거래소 전자공시의 IR자료실에서 확인할 수 있다.

자료 2-196 **와이아이케이 한국거래소 전자공시**

각 기업의 IR자료 표기 방식과 순서는 거의 비슷하다. 일반투자자들은 각 회사의 사업영역소개, 매출비중 및 경영성과, 성장전략 등을 통해 어떤 회사인지, 어떤 기술력을 가지고 있는지, 미래 성장성은 어떤지를 살펴볼 수 있다.

투자자들을 상대로 만든 자료이기 때문에 성의가 있다. 다만 상장기업에서 만든 홍보자료임을 감안하여 어느 정도는 걸러보는 눈도 필요하다. 종목에 투자하고자 할 때 가급적이면 IR을 진행하는 기업, IR자료를 볼 수 있는 기업에 투자하는 것을 추천한다.

① 유틸렉스

Chapter 1.   회사소개 및 경영진, 현황

Chapter 2.   면역항암제의 기전 이해 및 시장 현황

Chapter 3.   유틸렉스 파이프라인 소개

Chapter 4.   유틸렉스 성장전략

Appendix 1.   요약 재무제표

Appendix 2.   주요 용어설명

② 신도기연

Chapter 1.   About 신도기연

        1. 회사소개
        2. 성장연혁
        3. 사업장현황
        4. 사업영역소개
        5. 매출비중 및 경영성과

Chapter 2.   Core competence

        1. 곡면 Display 기술 경쟁력 보유
        2. 수소 전지 연료 부품 제조 장비
        3. 차별화된 기술 경쟁력 보유
        4. Micro LED 최초 양산 Line 장비
        5. 친환경 진공 유리 제조

Chapter 3.   Investment Highlights

        1. 사업다각화로 인한 성장 전략
        2. 사업 확장 Road map

2020년 IR을 많이 한 회사는?!

① 클래시스

클래시스는 2020년 6번 정도의 IR을 진행했다. 2020년 가장 많은 IR을 한 기업 중에 하나다. IR 이후에 주가는 상승하는 경향이 강하다.

자료 2-199 클래시스 IR 현황

② 클리오

클리오는 2020년 한 해동안 5번의 IR을 진행했다.

자료 2-200 클리오 IR 현황

종목분석 보고서로 객관적인 투자 시야를 확보하자

어떤 종목을 분석할 때 앞서 이야기한 IR자료를 활용하는 것이 좋다. 그렇지만 IR자료는 기업설명회를 목적으로 하여 내부에서 제작된 자료이므로 기업의 주관적 시각이 포함될 수 있음을 감안해야 한다. 이와 달리 증권사나 기업을 평가하는 회사들이 작성한 종목분석 보고서, 애널리스트들이 작성한 종목 보고서는 객관적인 시각을 제공하여 유용하다. 그 외 각 증권사 홈페이지에는 시장분석과 종목분석 항목이 마련되어 있는데 함께 참고하면 도움이 된다.

네이버금융 https://finance.naver.com

주식투자를 하는 사람들이 가장 많이 보는 사이트 중에 하나가 바로 네이버금융이다. 네이버금융 중 리서치 파트에는 종목분석 리포트 코너가 있다. 주식투자자들은 '국내증시'와 '리서치'를 가장 많이 살핀다. 특히 좋은 정보를 얻을 수 있는 곳은 '리서치'부분이다. 유망한 업종을 선택하고자 할 때는 '산업분석 리포트'가 의미 있고, 기업을 분석할 때는 '종목분석 리포트'가 의미 있다. 그러나 상장된 기업 모든 종목에 대한 보고서를 볼 수 있는 것은 아니다. 증권사, 기업평가회사는 시장에서 관심이 쏠려있거나, 관심을 가질만한 기업에 대해 종목분석 보고서를 업로드하고 있다.

따라서 종목분석 보고서는 시장의 이목이 집중된 종목을 말해주는 것과도 같다. 2, 3년 전에는 종목분석 보고서가 여러 건 있는데, 최근에는 발견하기 힘들다면, 이런 종목은 선정하지 않는 것이 좋다. 최근 1~6개

자료 2-201 네이버금융

자료 2-202 네이버금융-리서치

월 내, 여러 건의 종목분석 보고서가 있는 종목들을 유심히 살펴보는 것이 좋다.

한경컨센서스 http://consensus.hankyung.com

한경컨센서스에는 '기업리포트'와 '산업리포트', '시장리포트', '경제리포트' 등 산업, 종목, 시장을 이해하기에 최적화된 리포트가 업로드되어 있다. 종목을 매수할 때는 '컨센서스 상향종목'과 '컨센서스 하향종목'을 참고한다.

자료 2-203 한경컨센서스-전체페이지

증권사 애플리케이션의 '리포트' 확인하기

삼성증권 애플리케이션을 통해 상장기업의 리포트 코너를 확인한다. 리포트가 하나도 없는 상장회사도 상당히 많은 편이고, 한두 개 있는 회사도 많다. 필자는 주식을 매수할 때 리포트를 빈번하게 발표하는 회사를 우선 고려한다. 제목만 보아도 어떤 내용인지, 리포트의 성격이 긍정적인지, 부정적인지 유추할 수 있다.

리포트가 없는 회사는 시장에서 관심을 끌지 못한다는 뜻과 같다. 이런 주식은 유망업종 또는 업계 최신 동향에 맞지 않다고 판단한다. 특별한 이슈가 없는 한 가급적 매수하지 않는 것을 권한다. 주가가 높게 상승한 종목 중에 리포트 없는 회사는 거의 없다. 따라서 종목을 발굴할 때 독자 여러분이 사용하는 증권사 MTS의 리포트 부분을 참고하는 것이 좋다.

특히 이제 소개할 백광산업 자료처럼 처음으로 리포트가 나오고 내용도 긍정적이면, 주가에 반영된다.

① 아모레퍼시픽

자료 2-204 **아모레퍼시픽 MTS-리포트**

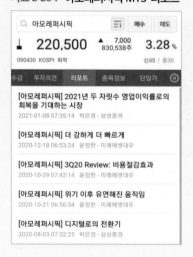

② 인텍플러스

자료 2-205 **인텍플러스 MTS-리포트**

③ 백광산업

자료 2-206 **백광산업 MTS-리포트**

9단계 종목 선정 핵심 체크 리스트

구분	분석내용
유망업종과 유망종목	유망한 업종인가?, 신성장 업종인가?, 유망한 종목인가?
실적	매출액 증가, 영업이익 증가, 당기순이익 증가(YoY / QoQ 대비*)
재무 안정성	부채비율 150% 이하, 유동비율 100% 이상, 유보율 200% 이상
저평가 여부	PER 10 이하, PBR 1 이하 (동일업종 비교)
기업정보	주식수 3,000만 주 이하, 대주주지분 20% 이상, 임원의 경력과 재직기간 확인
기술적 분석	정배열, 골든크로스, 거래량 추이
수급	기관투자가, 외국인 매수 확인
기업 공시, 뉴스	호재, 악재
IR, 종목분석보고서, 리포트	IR 개최, 종목분석보고서 확인, 긍정적인 리포트 증가

그렇다면, 적절한 매수·매도 타이밍은?

* YoY: 전년 동기 대비 증감률
  QoQ: 직전 분기 대비 증감률

➡ 앞에서 살펴봤던 내용을 바탕으로 1단계에서 9단계 항목을 기준으로 체크 리스트를 만들어 보자. 기본에 충실한 투자를 하면 반드시 수익이 난다. 확신을 가지고 한 단계씩 파헤칠 때 성공적인 투자에 다가설 수 있다.

Chapter 3

저평가된 주식을 사서 고점에 파는 완벽한 방법

어떻게 매수하고
어떻게 매도해야 할까?

 주식을 매매하려면 어떻게 할까요?

주식매매는 은행 거래와 비슷합니다. 은행 대신 증권사를 이용해야 한다는 점이 다릅니다. 증권사 지점에 가서 직접 주문하거나 전화로 증권사 고객 센터에 연결하여 주문할 수 있습니다. 각 증권사에서는 주식매매에 필요한 프로그램을 제공하고 있는데, 증권 계좌와 프로그램이 연동되어 있습니다. 스마트폰 보급 이후에 비대면 계좌개설이 활발해지면서, 현재는 HTS보다 MTS 애플리케이션을 이용하여 대부분의 매매가 이루어지고 있습니다.

주식을 매매하는 것에는 여러 방법이 있다. 첫 번째, HTS, 홈트레이딩 시스템으로 집이나 사무실에서 PC를 이용하여 매매하는 것이다. 두 번째, MTS, 모바일트레이딩 시스템으로 스마트폰을 이용하여 매매를 하는 것이다. 세 번째, 증권사에 전화를 걸어 매매하는 직접 전화 매수나 네 번째, 지점에 방문하는 방법이 있다. 장소의 구분 없이 편리하고 쉽게 투자에 접근할 수 있기 때문에 대부분의 거래는 HTS나 MTS 프로그램을 통해 이루어진다.

주식을 매매하기 위해서는 우선 지정가주문과 시장가주문의 차이를 알아두는 것이 필요하다.

지정가주문은 투자자가 주식의 종목과 수량, 가격을 직접 제시하는 것이다. 일반적으로 주식 주문은 지정가주문을 통해 이루어진다. 예를 들어 '삼성전자 10주를 8만 9,000원에 매수 또는 매도'를 MTS에 입력하면 지정가주문에서는 사용자가 직접 지정한 금액에 도달해야만 매수 또는 매도가 이루어진다. 원하는 가격으로 주식을 거래할 수 있지만, 금액이 맞지 않으면 거래가 이루어지지 않는다.

시장가주문은 투자자가 주식의 종목과 수량은 지정하지만 가격은 지정하지 않고 시장에서 형성된 가격으로 매매하는 것이다. 시장가주문은 지정가주문에 가격적으로 우선하는 주문이기 때문에 주문을 하면 즉시 거래가 체결된다. 예를 들어 삼성전자 주식 10주를 시장가로 매수 주문을 내면, 매도호가(매도 의사를 밝힌 행위)부터 있었던 8만 9,000원 4주, 8만 9,100원 4주, 8만 9,200원 2주를 각각의 금액으로 총 10주를 매수하게 된다. 만약 이 거래에서 삼성전자 주식을 8만 9,000원에 10주 매수로 지정가주문을 냈다면 4주만 8만 9,000원에 매수되고 나머지는 매수되지 않는다.

물타기? vs. 손절매?

주식은 무조건 수익을 내고서 매도해야 한다. 이를 '익절'이라고 한다. 신이 아닌 이상 늘 그렇게 하기는 어렵다. 그래서 주식은 고를 때 신중하게 잘 골라야 한다. 최악의 경우 '존버(존중하며 버티기)'할 수도 있어야 하기 때문에 실적과 재무상태가 좋은 우량한 주식을 고르는 것은 기본이다.

물타기

매수한 주식의 가격이 하락할 때 주식을 추가로 매수해서 평균매입단가를 낮추는 행위를 말한다. '물타기'를 하려면 해당 주식에 대한 믿음이 있어야 한다. 매수한 회사가 아닌 외부변수로 주가가 하락할 때 그 외부변수가 단기적으로 끝날 것이라 예상되면 물타기는 '유효'하다.

예를 들어 10,000원에 1,000주를 매수했는데 주가가 9,000원으로 떨어지면, 추후에 주가가 상승할 것이라는 기대감과 확신이 있을 때 9,000원에 1,000주를 추가로 매수한다. 그러면 평균매입단가를 9,500원으로 낮추는 것이다.

이때, 주가가 반등하면 손실을 최소화하거나 수익을 낼 수도 있지만 주가가 추가 하락하면 손실이 최대화될 수 있다는 점도 유의해야 한다. 주식투자에는 답이 없기 때문에 어떤 것이 맞고 틀린지 확신할 수 없다. 다만, 외부변수가 오래 갈 것이라 예상하거나 회사 내부변수에 의해 주가가 하락했다면 물타기는 하지 않는 것이 좋다.

손절매

매수한 주식의 가격이 하락하는데 여전히 추후에도 더욱 하락할 것으로 예상되어 지금이라도 매도하는 것이 손실을 최소화하는 것이라고 판단될 때 손해를 감수하고 주식을 매도하는 것이다. 필자도 종목에 따라 매수가격 대비 5퍼센트 하락 시 손절을, 또는 10퍼센트 하락 시 손절을 하는 경우가 있다. 주가가 5일 이동평균선 위에 있을 때 매수하고 주가가 5일 이동평균선을 깨고 흘러내릴 때 매도하는 경우도 있다.

거래 시간에 따라
매매 방법이 달라야 한다

Q 주식 매수와 매도는 아무 때나 할 수 있나요?

A 주식시장의 정규 거래 시간은 평일 아침 9시부터 오후 3시 30분까지입니다. 정규거래시간 외 거래를 할 방법도 있지만, 대부분의 투자자들은 정규거래시간을 이용하여 주식을 매매합니다. 토요일, 일요일, 공휴일에는 주식시장이 개장하지 않습니다. 이때에는 주식 매매를 할 수 없습니다.

　주식시장은 평일에 개장하고 주말과 공휴일에는 개장하지 않는다. 또, 근로자의 날(5월 1일), 12월 31일(공휴일이나 토요일일 경우 직전의 매매 거래일이 휴장임)에도 개장하지 않는다. 평일 오전 9시부터 오후 3시 30분까지가 정규거래시간이다. 주식 거래는 시간에 따라 달리 이루어진다. 주식시장 거래 시간을 정리하면 자료 3-1과 같다.

거래명	거래시간
장전 시간외 종가	08:30 ~ 08:40 (전일 종가)
장시작 동시호가	08:30 ~ 09:00
정규시간	09:00 ~ 15:30
장마감 동시호가	15:20 ~ 15:30
장후 시간외 종가	15:40 ~ 16:00 (당일 종가)
시간외 단일가	16:00 ~ 18:00 (당일 종가 대비 ±10% 거래*)

* 당일 종가 대비 ±10%의 한도는 오늘 정규시장의 ±30% 한도 내임.

주식시장은 거래시간에 따라 매매법이 달라지므로 시간대별 거래 특징에 대해 알아둘 필요가 있다.

주식시장에서 호가는 투자자가 해당 주식에 대한 매매 의사를 표시했다는 뜻이다. 나아가 동시호가란 말 그대로 동시 주문이란 의미이다.

Mentor's Tip!

당일 종가 대비 ±10% 거래란?

오늘 정규시장에서 전날 종가 1만 원이던 주식이 1만 1,000원으로 거래가 끝이 났다면 시간 외거래는 1만 1,000원 가격의 ±10퍼센트 금액까지 가능하다는 뜻이다. 상한가인 1만 3,000원에 끝났다면 이 주식은 시간외 단일가 거래에서는 더 이상 +는 되지 않고, 1만 3,000원의 -10퍼센트 가격인 1만 1,700원까지만 거래가 가능하다.

장전 시간외 종가 거래는 전일 종가로 주문이 체결된다. 아직 시장은 개장하기 전이고, 아침에 종목 호재 뉴스를 들었다면, 이 시간대를 이용해 매수한다. 악재 뉴스를 들었다면 매도한다.

장시작 동시호가 거래는 주식시상이 개장하기 진 동시 주문을 했다는 것으로 거래가 바로 체결되는 것은 아니고 주문만 가능하다. 주문으로 매수와 매도 수량을 확인할 수 있기 때문에 종목이 상승세인지 하락세인지 파악이 가능하다. 오전 9시, 장이 시작하면 그 시점에 주문이 동시에 체결되고 체결된 가격이 그날의 시가가 된다.

장마감 동시호가 거래는 장시작 동시호가와 같은 개념이지만 시장이 마감하기 전에 받는 주문이라는 점에서 차이가 있다. 오후 3시 30분에 장이 마감하면 주문이 체결되며 그날의 종가가 확정된다.

장후 시간외 종가 거래는 장전 시간외 종가 거래와 달리 당일 종가로 주문이 체결된다. 정규시장에서 지정가 주문을 놓친 경우 장후 시간외 종가 거래를 통해 주문을 체결할 수 있다.

시간외 단일가 거래는 오후 4시부터 6시까지 10분 단위로 주문이 체결된다. 투자자에게 추가 매매 기회를 제공하는데, 시간외 단일가 거래에서는 당일 종가의 ±10% 이내 가격으로만 거래가 가능하다. 장이 마감한 후 내일 장에서 상승을 기대할 만한 호재 뉴스를 들었다면 매수하고, 하락이 예상되는 악재 뉴스를 들었다면 매도한다.

투자자의 리스크를 줄이는
매수·매도 방법이 있다

Q 주식을 매수하고 매도할 때 분할 매수와 분할 매도를 하라고 하는데 그렇게
하면 좋은 건가요?

A 분할 매수와 분할 매도는 주식투자자의 리스크를 회피하는 수단으로 상당
히 좋다고 판단합니다. 한꺼번에 매수하여 주가가 떨어지는 위험을 피하지
못하고 막연히 보유하여 손절하는 것보다는 매수할 때부터 주가가 하락할
수 있다는 전제로 2분할 매수를 한다면 위험을 조금은 피할 수 있습니다. 반
대로 한꺼번에 매도하고 주가가 상승하는 경우도 있기 때문에 매도 목표가
격에 오면 1차로 가진 주식의 50퍼센트를 매도하고, 나머지 50퍼센트를 가
지고 승부수를 띄워보는 것도 하나의 방법이 되겠습니다.

2분할 매수

가진 주식을 한꺼번에 매수하면 매수 후 가격이 상승했을 때 투자에

유리하지만 가격이 하락할 때는 오히려 손해를 회피할 수 없게 된다. 따라서 매수를 할 때는 2분할 매수가 유리하다. 예탁금이 2,000만 원이 있다면 주가가 1만원인 주식을 먼저 1,000만 원어치 매수하고, 이후에 주가가 9,000원으로 떨어지면 또 다시 1,000만 원어치를 또 매수해서 평균 매입단가를 낮추는 것이다. 두 번에 걸쳐 나누어서 매수한다는 의미로 가격이 떨어졌을 때 리스크를 회피하기 위함이다.

구체적으로, 1,000만 원을 가지고 현재가 5,000원인 오공 주식을 살 때, 1차 500만 원어치를 5,000원에 매수하고, 이후에 주가가 2~3퍼센트 더 상승했을 때 추가 매수를 하거나 또는 추가 매수를 보류(매수한 500만 원어치로 수익을 극대화)한다.

또는 1차 500만 원어치를 5,000원에 매수하고 이후 주가가 떨어지면 4,500원(처음 매수가격에서 −5퍼센트가 될 때 또는 −10퍼센트가 될 때−이 기준은 본인의 투자성향에 따라 다름)에 추가로 500만 원어치를 매수한다.

2분할 매도

매도할 때도 매수와 마찬가지다. 보통 투자자들은 한꺼번에 매도를 진행하는데, 매도 후에 주가가 내려가기를 바라지만, '내가 매도하면 꼭 주가가 상승'하는 경우가 훨씬 많을 것이다. 만약 5,000원에 매수한 오공이 6,000원이 되면, 보유한 주식수의 50퍼센트를 매도하고, 6,500원이 넘어가면 나머지 50퍼센트를 매도한다. 또는 6,000원에 50퍼센트를 매도하고 이후에 주가가 떨어지면 손해 보지 않는 선에서 매도를 진행하면 될 것이다.

매수하고 나서는 항상 '매도목표가격'을 생각해두어야 한다. 주가가 상승한다고 '룰루랄라'하고 있다가 주가가 하락하면 아무 의미가 없다. 따라서 주식 매수 후에는 매도 목표가격을 정하고 이후에 목표가격에 도달하면 매도를 진행하는 것이 좋다.

필자의 경우에는 매수 후 가격이 10퍼센트 상승하면 가진 주식에서 50퍼센트 물량을 매도하고 나머지 50퍼센트로는 승부수를 띄운다. 가끔 매수 후에 가격이 20퍼센트 상승하면 가진 주식 물량의 70퍼센트를 매도하고 나머지 30퍼센트에 승부수를 띄운다. 2분할 매수의 비율은 개인 선호도의 문제이다. 그러나 분할 매수와 분할 매도는 반드시 습관화하는 것이 좋다. 주식은 확률의 재테크다. 욕심은 금물이다. 한 번의 매수와 한 번의 매도는 과욕임을 잊지 말자.

분할 매수, 분할 매도하니 생각나는 일화가 있다. 필자가 3,800원에 일신바이오 주식 1만 주를 매수했던 적이 있었다. 조금 횡보하다가 어느 날 주가가 상승하기 시작했다. 상승 탄력이 좋아 보여 5,500원이 될 때까지 기다렸다가 5,500원에 '옳거니!' 하면서 한꺼번에 전량 매도했다. 그 후 이 주식은 곧바로 7,460원까지 다이렉트로 상승했다. 그때의 쓸쓸함이란 이루 말할 수가 없었다. 그때 2분할 매도로 5,500원에 가진 물량의 50퍼센트를 매도하고, 6,000원대에서 나머지 50퍼센트를 매도했더라면 더욱 좋은 수익을 남기지 않았을까 하는 아쉬움이 크게 남았다. 주식의 결과는 어느 누구도 알 수 없다. 다만 한 가지 확실한 사실 하나는 있다. 가장 싸게 사서 가장 비싸게 팔수 있는 사람은 없다는 것이다.

투자에서 조바심 경계

주식투자에서 가장 경계해야할 것은 조바심이다. 가장 이상적인 투자는 매도한 종목은 하락하고, 매수한 종목은 상승하는 것이다. 그러나 실상은 어떤가? 주식을 잘 골라놓고도 단기적으로 상승하지 않으면 관심 종목 중에 상승하는 다른 종목들에 눈을 돌려 보유한 주식을 매도하고 이미 상승하는 종목을 매수한다. 그 결과, 매도한 종목은 상승하고 매수한 종목은 하락한다. 과도한 일희일비, 욕심도 경계하자. 내일의 주식시장은 다르다는 것을 꼭 기억해야 한다.

투자에서 적절한 휴식

수익을 거두고 팔거나 손실을 내고 팔면 이후 최소 하루는 쉬는 것이 좋다. 주식을 팔면 곧바로 매수해야만 직성이 풀리는 투자자들이 많다. 수익을 거두고 주식을 팔거나 손실을 내고 주식을 팔게 되면 곧바로 다른 주식으로 갈아타는 것보다는 최소한 하루 정도는 쉬길 바란다. 재매수할 종목에 대한 탄탄한 검증을 거친 후에 차분하게 재매수가 이루어져야 한다. 수익이나 손실을 본 후 주식을 매수하면 너무 흥분된 나머지 잘못된 선택을 할 확률이 높기 때문이다. 더불어서 주식을 충동적으로 매수해서는 안 된다는 점도 잊지 말자.

Chapter 4

주식투자도
쇼핑처럼
미리 담아두기

고르고 고른 종목을
담아보자

Q 관심 종목을 선정할 때 가장 중요하게 보아야 하는 것은 무엇인가요?

A 종목 선정에서 가장 중요한 것은 실적과 재무상태입니다. 실적이 좋고 재무 상태가 안전한 주식이어야 합니다. 최소 이 두 가지 조건이 만족되어야 편안한 마음으로 주식을 보유하면서 수익도 낼 수 있습니다. 적자가 나거나 재무 상태가 위험한 주식은 절대 쳐다보지도, 매수하지도 마시길 바랍니다. 추후 흑자로 전환하거나 재무상태가 좋아졌을 때 다시 관심을 가지면 됩니다. 실적과 재무상태는 주식투자를 하는 동안 꼭 기억하고 명심해야하는 키워드입니다.

종목을 선정할 때는 종목 선정 이전에 가장 최근에 공시된 정기보고서를 기준으로 보고 실적이 좋은 종목을 MTS 관심 종목에 담아둔다. 이때 실적이 좋다는 것은 Chapter 2에서도 강조했던 것처럼 매출액, 영업이익, 당기순이익이 모두 전년 동기 대비 증가(+)한 종목이다.

또, 정기보고서가 공시되면 1주일 이내에 경제지에서 상장사 실적을 발표하는데, 그중 실적이 좋은 종목을 MTS 관심 종목에 담아둔다. 많은 투자자들이 발표된 실적을 과거 자료라고 치부하지만 사실은 가장 중요한 데이터 중 하나이다.

경제지에서 발표한 3분기 상장사 실적에는 매출액 증감률, 영업이익 증감률, 당기순이익 증감률이 나타나 있다. 이때 각 증감률이 플러스(+)인 종목을 담는다. 이때의 증감률은 전년 동기 대비, 즉 전년도 3분기 실적 대비를 의미한다. 여기서 중요한 점은 3분기 실적에서 영업이익이나 당기순이익이 적자 지속이거나 또는 적자 전환된 회사라면 실적에 대한 성장성이 보장되지 않기 때문에 흑자로 전환되기 전까지는 절대 관심 종목으로 담지 말아야 한다는 것이다. 이런 종목에는 가급적 투자하지 않는 것이 좋다. 가장 기본적인 실적이 좋아야 한다는 대전제가 있어야 주식투자에서 성공과 롱런을 말할 수 있다.

자료 4-1은 필자의 기준에 따라 선호도로 그룹을 나눈 것이다.

매출액과 영업이익 그리고 당기순이익이 모두 증가한 A그룹(AP시스템, CHN, 로체시스템즈, 드림시큐리티)은 적극 매수한다. 매출액이나 영업이익, 당기순이익 중 한 가지 이상이 지난 실적에 비해 감소한 B그룹(디알젬, 러셀)의 경우 매수는 진행하지만 A그룹에 비해 적극적으로 나서지는 않는다. 매출액이 감소하고 영업이익과 당기순이익이 모두 적자 전환이나 적자 지속으로 실적이 좋지 않은 C그룹(로보로보, 라파스, 로보스타)은 매수

	회사	매출액	증감률	영업이익	증감률	당기순이익	증감률
A그룹	AP시스템	163,603	149.30	17,070	442.23	11,427	719.12
	CHN	80,707	66.34	23,119	398.67	16,530	464.95
	로체시스템즈	55,867	138.02	4,129	289.12	3,720	384.16
	드림시큐리티	36,816	441.73	2,612	흑자 전환	433	276.43
B그룹	디알젬	15,996	19.08	1,563	40.75	958	-34.17
	러셀	9,090	-10.91	2,106	142.49	1,562	70.93
C그룹	로보로보	1,701	-62.96	-252	적자 전환	40	-87.38
	라파스	3,591	-33.08	-1,087	적자 전환	-1,077	적자 전환
	로보스타	39,980	-2.51	-5,434	적자 전환	-5,360	적자 지속

단위: 백만 원, % 증감률은 전년 동기 대비임

를 보류한다. 이렇게 선별하여 실적이 좋지 않은 주식은 제외한다. 차후 로보로보와 라파스, 로보스타의 실적이 나아진다면, 즉 흑자로 전환된 다면 그때 매수를 고려해보는 것이 좋다.

Mentor's Strategy! **코스피와 코스닥에서 고르는 방법**

코스피, 코스닥의 매출액 증가 종목 보기

자료 4-2와 자료 4-3은 코스피와 코스닥 종목 중 매출액과 영업이익

자료 4-2 코스피 종목 중 매출액 증가율 상위 종목(단위: %)

종목명	매출액 증가율	영업이익 증가율	당기순이익 증가율
SK디앤디	293	172	135
한미반도체	100	201	33
드림텍	89	25	39
셀트리온	89	137	185
한국카본	83	864	534
아이에스동서	70	170	340
다우기술	68	273	286
미원홀딩스	66	204	49
덕성	63	2,402	787
삼영무역	61	265	18

자료 4-3 코스닥 종목 중 매출액 증가율 상위 종목(단위: %)

종목명	매출액 증가율	영업이익 증가율	당기순이익 증가율
씨젠	941	2,967	2,486
디바이스이엔지	883	6,281	1,218
아이씨디	324	226	214
랩지노믹스	217	4,419	10,304
노바텍	203	405	179
미래에셋벤처투자	174	854	965
AP시스템	149	442	719
로체시스템즈	138	289	384
웹젠	125	134	121
바디텍메드	115	387	268

그리고 당기순이익이 전년 동기 대비 모두 증가한 회사 중에 특히 매출액의 증가율이 가장 높았던 종목순으로 찾아본 것이다. 기업에 성장성과 비전이 있다면 매출액 증가로 이어지는 것은 당연하기 때문이다.

코스피, 코스닥의 영업이익 증가 종목 보기

자료 4-4와 자료 4-5는 코스피와 코스닥 종목 중 매출액과 영업이익 그리고 당기순이익이 전년 동기 대비 모두 증가한 회사 중에 특히 영업이익의 증가율이 가장 높았던 종목순으로 찾아본 것이다. 기업의 주 영업활동으로 이익을 내는 것을 확인할 수 있다.

자료 4-4 코스피 종목 중 영업이익 증가율 상위 종목(단위: %)

종목명	매출액 증가율	영업이익 증가율	당기순이익 증가율
계양전기	9	55,843	1,292
덕성	63	2,402	787
동양물산기업	33	2,042	345
대창	8	1,788	5,003
한국카본	83	864	534
풍산홀딩스	14	753	820
태경케미컬	13	557	25
유한양행	12	509	129
에이프로젠KIC	37	373	362
SK케미칼	23	351	1,244

종목명	매출액 증가율	영업이익 증가율	당기순이익 증가율
디바이스이엔지	883	6,281	1,218
이오테크닉스	102	5,291	179
랩지노믹스	217	4,419	10,304
유니크	8	3,703	727
씨젠	941	2,967	2,486
힘스	35	2,910	143
DSC인베스트먼트	86	2,671	303
케이사인	98	2,661	342
타이거일렉	41	2,349	705
이라이콤	52	1,930	79

코스피, 코스닥의 당기순이익 증가 종목 보기

자료 4-6과 자료 4-7은 코스피, 코스닥 종목 중 매출액과 영업이익 그리고 당기순이익이 전년 동기 대비 모두 증가한 회사 중에 특히 당기순이익의 증가율이 가장 높았던 종목순으로 찾아본 것이다. 재무 안정성은 당기순이익이 밑바탕이 된다.

자료 4-6 코스피 종목 중 당기순이익 증가율 상위 종목(단위: %)

종목명	매출액 증가율	영업이익 증가율	당기순이익 증가율
대유에이텍	22	146	13,309
대창	8	1,788	5,003
한라	6	32	2,674
대한제강	12	284	2,011
동원산업	4	60	1,839
계양전기	9	55,843	1,292
SK케미칼	23	351	1,244
CJ제일제당	8	47	1,007
풍산홀딩스	14	753	820
덕성	63	2,402	787

자료 4-7 코스닥 종목 중 영업이익 증가율 상위 종목(단위: %)

종목명	매출액 증가율	영업이익 증가율	당기순이익 증가율
아미노로직스	26	39	58,913
대주전자재료	26	236	25,476
랩지노믹스	217	4,419	10,304
씨젠	941	2,967	2,486
새로닉스	11	539	2,325
대륙제관	11	828	1,470
디바이스이엔지	883	6,281	1,218
위세아이텍	28	200	1,081
그린플러스	31	83	1,022
오파스넷	36	1,423	992

위의 자료를 바탕으로 살펴본 코스피의 매출액과 영업이익 그리고 당기순이익 증가율 상위 업체에는 신재생에너지, 반도체, 제약, 바이오, 자동차, 건설 관련주들이 포진해 있음을 알 수 있다. 코스닥의 매출액과 영업이익 그리고 당기순이익 증가율 상위 업체에는 코로나19 진단키트 관련주와 반도체 관련주들이 포진해 있음을 알 수 있다. 따라서 2020년에는 코로나19 관련주와 반도체 관련주가 상당한 특수를 맞이했던 것으로 해석할 수 있다.

정기보고서를 살펴보고
관심 종목을 체크하기

Q 정기보고서는 무엇이고, 어디서 확인할 수 있나요?

A 정기보고서는 1년에 두 번 공시하는 분기보고서와 1년에 한 번 공시하는 반기보고서, 1년에 한 번 공시하는 사업보고서를 말합니다. 정기보고서는 반드시 제출기한을 지켜야 합니다. 기업의 정기보고서는 금감원 전자공시시스템에서 확인할 수 있습니다.

상장기업의 실적을 제대로 알고 싶다면 금감원 전자공시시스템 또는 한국거래소 전자공시를 확인한다. 사업 내용과 실적 그리고 재무에 관한 사항, 주주에 관한 사항 등을 전반적으로 파악할 수 있다. 기업의 실적을 확인할 수 있는 정기보고서로는 분기보고서와 반기보고서 그리고 사업보고서가 있다.

기업이 제출해야 하는 보고서 4가지

우리나라 상장기업의 결산월은 대부분 12월이다. 결산월이 12월이면, 1월부터 12월까지의 실적을 합산하여 12월에 결산한다는 뜻이다. 정기보고서는 1년에 총4회 제출한다. 1월~3월간의 실적과 재무상태 등을 결산하여 1/4분기 보고서를 작성하고, 1월~6월간 결산내용으로 반기보고서(2/4분기 보고서를 겸한다)를 작성한다. 7월~9월의 내용을 결산하여 3/4분기 보고서를 작성하고, 1월~12월까지 1년 전체를 결산하여 그해 사업보고서(4/4분기 보고서를 겸한다)를 작성한다. 정리해보자면, 상장기업은 일 년에 두 번, 정기보고서(1/4분기, 3/4분기)를 제출하고, 일 년에 한 번, 반기보고서를 제출한다. 그리고 1년 전체의 기업활동에 관한 사업보고서를 제출한다.

제출기한은 정해져 있다

정기보고서는 제출기한이 정해져 있다. 1/4분기 보고서는 1분기의 마지막 날인 3월 31일을 기준으로 45일 이내 제출(5월 15일까지)해야 한다. 반기보고서는 전반기 마지막 날인 6월 30일을 기준으로 45일 이내 제출(8월 14일까지)해야 한다. 3/4분기 보고서는 3분기의 마지막 날인 9월 30일을 기준으로 45일 이내 제출(11월 14일까지)한다. 마지막으로 사업보고서는 사업연도의 마지막 날인 12월 31일을 기준으로 90일 이내 제출(3월 30일까지)해야 한다. 상장기업 대부분은 제출기한에 임박해서 정기보고서를 제출하고 있다.

만약 정기보고서의 제출기한을 지키지 못하면 추후 관리 종목으로 편입되어 거래가 정지되거나, 정규시장에 편입되지 못하고 단일가 거래로 제한될 수 있다. 제출기한을 어겨 관리 종목이 되면 시장에서 종목에 대한 신뢰도는 급격하게 하락한다. 반복적으로 정기보고서 제출기한을 어기면 상장폐지까지 될 수 있다. 정기보고서를 제 때 제출하지 않는 상장기업에 대한 투자는 지양한다. 주식투자자가 가장 눈여겨봐야 할 정보가 분기보고서와 반기보고서 그리고 사업보고서인데 정보 제공에 불성

자료 4-8 **한국거래소 전자공시**

실한 회사의 주식은 매수하지 않는 것이 낫다. 정기보고서 제출기한을 제대로 확인할 수 있는 곳은 한국거래소 전자공시사이트이다.

자료 4-9 정기보고서 제출일정

| 정기보고서 제출일정 | | | | | | | |

선택 2021 년 ∨ GO

결산월	상장회사수 (유가증권)	상장회사수 (코스닥)	사업보고서	반기보고서	1/4분기보고서	3/4분기보고서	결합사업보고서
02	0	1	2021-05-31	2021-10-15	2021-07-15	2021-01-14	
03	6	13	2021-06-29	2021-11-15	2021-08-16	2021-02-15	2021-07-29
06	6	10	2021-09-28	2021-02-15	2021-11-15	2021-05-17	
07	0	1	2021-10-29	2021-03-17	2021-12-15	2021-06-14	
08	0	1	2021-11-29	2021-04-14	2021-01-14	2021-07-15	
09	2	3	2021-12-29	2021-05-17	2021-02-15	2021-08-16	
11	1	0	2021-03-02	2021-07-15	2021-04-14	2021-10-15	
12	768	1461	2021-03-31	2021-08-16	2021-05-17	2021-11-15	2021-04-30

Mentor's Strategy! 정기보고서는 어디에서 볼 수 있을까?

① 포메탈 전자공시

전자공시를 통해 포메탈이 2020년 11월 16일 3분기 보고서를 제출하였고, 2021년 3월 16일, 2020년도 사업보고서를 제출한 것을 확인할 수 있다.

각 정기보고서를 꼼꼼히 살피고 내용을 이해해야 한다. 정기보고서가 나오지 않은 상태에서 주식투자자들이 상장기업의 실적을 알기는 어렵다. 에프앤가이드www.fnguide.com에서 확인할 수 있는 잠정실적치 등을 통해 공시 전 조금 파악할 수 있을 뿐이다. 기업의 내부 사정이 궁금하다면

각 기업의 IR 담당자(요즘은 IR 담당자가 주식 담당자를 겸한다)에게 전화로 문의하는 방법도 있다. 그러나 담당자들은 정기보고서 제출 전에는 주주들의 그 어떤 질문에도 실적에 대한 확답을 주지 않는다.

필자는 정기보고서가 공시되기 전 모 상장회사의 IR 담당자와 통화한 적이 있다. 투자한 기업이나 투자하기 전 회사에 대해 궁금한 점이 있으면 해당 기업의 담당자에게 연락해서 직접 물어보는 것도 괜찮다.

3분기 실적 발표 2주 전,

A회사(반도체 장비회사) 주식담당자와 필자

설춘환: 안녕하세요 A회사 주주입니다.

A회사: 네, 안녕하세요.

설춘환: 요즘 주가가 많이 떨어집니다. 혹시 회사에 무슨 문제라
　　　　도 있나요?

A회사: 아니요, 특별한 문제는 없습니다.

설춘환: 이미 실적은 얼추 나왔을 것 같습니다. 이번 3분기 실적은
　　　　어떤가요?

A회사: 뭐 예년하고 거의 비슷합니다.

설춘환: 매출은 많이 늘었나요? (사실 매출액 증가가 가장 중요하니까)

A회사: 예, 예년하고 거의 비슷한 것 같습니다. 공시가 되기 전에
　　　　는 정확한 수치를 알려드리기가 어렵습니다.

설춘환: 회사가 적자는 아니지요?

A회사: 네, 아마도 그러지 않을까 봅니다.

설춘환: 주가 관리가 너무 안 되고 있는 것 같습니다.

A회사: 회사 내부에는 특별한 게 없고요, 실적이 좋아질 수 있도
　　　　록 노력하고 있습니다.

설춘환: 혹시 회사에 특별한 호재나 악재는 없습니까?

A회사: 별다른 것은 없습니다.

② 넷마블 3분기 보고서

넷마블의 3분기 보고서이다. 기업의 정기보고서는 대부분 비슷한 내
용으로 투자자가 주의 깊게 봐야할 것은 크게 7가지로 나눌 수 있다.

첫 번째는 주식의 총수 현황이다. 상장기업의 발행할 주식수와 현재 발행된 주식수 그리고 자기주식수를 확인할 수 있다. 넷마블의 발행주식수는 총 8,582만 7,667주라는 것을 확인할 수 있다. 투자하기에 충분한 유동물량을 가지고 있음을 알 수 있다.

두 번째는 주요배당지표이다. 이 항목에서는 기업의 배당정책과 배당 제한에 관한 사항, 주요 배당지표 등을 확인할 수 있다. 배당지표를 통해 배당 진행 여부나 배당 금액 등을 대략 예측한다. 저금리 시대에 배당에 관한 사항은 중요한 투자 포인트가 될 수 있고, 장기 투자자에게는 더 없

자료 4-11 넷마블 분기보고서

가. 주식의 총수 현황

(기준일 :   2020년 09월 30일   )   (단위 : 주)

구 분	주식의 종류			비고
	보통주	–	합계	
Ⅰ. 발행할 주식의 총수	200,000,000	–	200,000,000	–
Ⅱ. 현재까지 발행한 주식의 총수	85,827,667	–	85,827,667	–
Ⅲ. 현재까지 감소한 주식의 총수	–	–	–	–
1. 감자	–	–	–	–
2. 이익소각	–	–	–	–
3. 상환주식의 상환	–	–	–	–
4. 기타	–	–	–	–
Ⅳ. 발행주식의 총수 (Ⅱ-Ⅲ)	85,827,667		85,827,667	–
Ⅴ. 자기주식수	4,018,931	–	4,018,931	–
Ⅵ. 유통주식수 (Ⅳ-Ⅴ)	81,808,736	–	81,808,736	–

나. 최근 3사업연도중 주요배당지표

구 분	주식의 종류	당기	전기	전전기
		제10기 3분기	제9기	제8기
주당액면가액(원)		100	100	100
(연결)당기순이익(백만원)		212,908	155,983	189,619
(별도)당기순이익(백만원)		79,194	28,067	42,944
(연결)주당순이익(원)		2,604	1,883	2,230
현금배당금총액(백만원)		–	–	–
주식배당금총액(백만원)		–	–	–
(연결)현금배당성향(%)		–	–	–
현금배당수익률(%)	보통주	–	–	–
	–	–	–	–
주식배당수익률(%)	보통주	–	–	–
	–	–	–	–
주당 현금배당금(원)	보통주	–	–	–
	–	–	–	–
주당 주식배당(주)	보통주	–	–	–
	–	–	–	–

이 중요한 게 배당이다. 주가도 상승하고 배당도 많이 준다면 좋다. 참고로 넷마블은 최근 3년 동안 배당을 실시하지 않았다.

세 번째는 사업의 내용이다. 사업의 내용에는 업계 현황 분석을 통해 산업의 특성과 성장 가능성, 기업 현황과 매출에 관한 사항, 수주상황, 시장위험과 위험관리 등 투자를 결정할 때 필요한 내용을 확인할 수 있

자료 4-14 사업의 개요

1. 사업의 개요

당사의 연결실체는 모바일 게임 개발 및 퍼블리싱 사업을 영위하고 있습니다. 넷마블㈜는 게임 개발 자회사가 개발한 게임 등을 퍼블리싱하는 사업을 전문적으로 영위하며, 넷마블넥서스㈜, 넷마블엔투㈜, 넷마블네오㈜ 등의 자회사는 모바일 게임 개발 사업을 담당합니다.

당사는 사업 경쟁력 및 효율성 제고를 위하여 2011년 11월 ㈜씨제이이엔엠으로부터 물적분할을 통해 씨제이게임즈㈜로 설립되었습니다. 2014년 10월에는 씨제이넷마블㈜(㈜씨제이이엔엠의 게임사업부문으로 2014년 8월 분할신설됨)를 흡수합병하며 사명을 '넷마블게임즈㈜'로 변경하였습니다. 이후 2018년 3월 정기주주총회에서 상호를 '넷마블㈜'로 변경하였습니다.

설립 이후 당사는 역량 있는 모바일 게임 개발 회사 및 당사와 시너지를 창출할 수 있는 다양한 회사를 발굴하고 인수하며 지속적으로 성장하고 있습니다.

가. 업계의 현황

1) 산업의 특성

가) 게임산업의 특성
당사가 영위하는 게임산업은 특성상 창조적 아이디어, 뉴미디어 기술, 풍부한 게임 소재 및 자국의 문화를 기반으로 한 지식산업으로 인터넷 보급률 증가와 IT기기의 발전으로 고성장하고 있으며, 대량의 원자재나 설비투자 없이도 투입 대비 산출 비율이 높은 고부가가치 산업입니다. 또한 음악, 영화, 방송, 애니메이션 등과 함께 대표적인 문화콘텐츠 산업으로, 이들 산업과 연계 가능성이 높을 뿐만 아니라 정보통신기술, 첨단산업기술 등 관련 기술 발전에 기여하는 영향도 매우 크다고 할 수 있습니다.
게임산업은 전통적인 제조업과는 달리 투입 대비 산출이 높은 무형의 고부가가치 산업인 동시에, 재고자산이 없어 원자재 가격상승이나 국제경제의 불안정한 흐름 등에 크게 영향을 받지 않으며, 음악, 영화, 방송, 애니메이션 등 다른 문화콘텐츠 산업보다 언어, 국가, 문화 등의 장벽이 상대적으로 낮기 때문에 해외 수출 시장에서도 경쟁력 있는 산업입니다.

다. 넷마블은 모바일 게임 개발을 하는 다양한 회사를 발굴하고 인수하는 사업 활동을 진행한다는 정보를 보고서를 통해 알렸다.

네 번째는 연결재무제표(또는 재무제표)와 (연결)손익계산서이다. 기업의 재무 안전성을 확인할 수 있다. 주식투자를 하면서 재무상태표를 보지 않는다는 것은 큰 불길 속에 돈을 던져 넣는 것과 마찬가지로 위험하다. 재무상태표에서 자본, 부채비율, 유동비율, 유보율을 파악한다. 넷마블의 현재 유동자산은 약 1조 5,900억 원이고, 유동부채는 1조 5,400억 원이다.

손익계산서에는 매출액과 영업이익 그리고 당기순이익을 파악한다. 전년 동기 대비 내용과 누적내용도 확인하여 매출액과 영업이익 그리고 당기순이익이 계속적으로 증가하는 회사의 주식은 매수, 반대로 계속적으로 감소하는 회사의 주식은 매도한다. 넷마블의 3분기 영업이익은 약 873억 원이고, 분기순이익은 약 924억 원이다. 네이버금융이나 HTS나 MTS로도 조회할 수 있다.

다섯 번째로 주주에 관한 사항이다. 최대주주 및 특수관계인의 주식소유 현황, 최대주주의 주요경력 및 개요, 최대주주 변동내역, 주식 소유 현황과 소액주주현황 등을 확인할 수 있다. 필자의 경우 최대주주가 그 회사의 주식의 20~50퍼센트 지분을 소유한 경우를 선호한다.

여섯 번째로 임원 및 직원 등의 현황이다. 등기임원과 미등기 임원의 현황, 그리고 임원들의 주요경력과 재직기간 그리고 의결권 있는 주식의 소유주에 대한 내용을 확인할 수 있다. 최대주주와의 관계에서 아버지가 자녀들과 함께 임원으로 등재되어 있다면 그 회사에 대해서도 관심

나. 회사의 현황

1) 게임 라인업

당사의 연결실체가 개발하여 공급하는 게임의 주요 라인업은 다음과 같습니다.

[주요 개발사의 주요 게임 라인업]

구분	개발사(제공사)명	게임명	장르
국내	넷마블엔투㈜	모두의마블	캐주얼
		스톤에이지 월드	MMORPG
	넷마블넥서스㈜	세븐나이츠	RPG
	넷마블몬스터㈜	레이븐	RPG
		몬스터길들이기	RPG
		마블 퓨처파이트	RPG
	넷마블네오㈜	리니지2 레볼루션	MMORPG
		킹 오브 파이터 올스타	RPG
	이데아게임즈㈜ (구,넷마블블루㈜)	A3: 스틸얼라이브	MMORPG
	넷마블체리㈜ (구,㈜체리벅스)	블레이드&소울 레볼루션	MMORPG
	넷마블펀㈜ (구,㈜퍼니파우) (주)	일곱 개의 대죄: GRAND CROSS	RPG
		아이언쓰론	전략
	넷마블엔파크㈜	마구마구 2020	스포츠
해외	Jam City, Inc.	Cookie Jam	캐쥬얼
		Panda Pop	캐쥬얼
		Harry Potter : Hogwarts Mystery	캐쥬얼
		Bingo Pop	캐쥬얼
		Disney Emoji Blitz	캐쥬얼
	Kabam, Inc.	MARVEL Contest of Champions	RPG
		Shop Titans	RPG

을 가질 필요가 있다. 상속이 가능한 회사는 미래가치를 포함하고 있다고 판단할 수 있기 때문이다.

마지막으로 계열회사 관련 사항이다. 특히 이 파트에서는 타법인 출자현황이 중요한데, 출자한 타법인에서도 수익을 많이 얻을 수 있는지, 출

연결 재무상태표

제 10 기 3분기말 2020.09.30 현재

제 9 기말　　　2019.12.31 현재

(단위 : 원)

	제 10 기 3분기말	제 9 기말
자산		
유동자산	1,592,677,208,883	2,560,116,032,177
현금및현금성자산	830,331,812,462	1,574,831,709,792
단기금융상품	404,353,299,328	572,821,111,954
유동 당기손익-공정가치측정 금융자산	3,661,598,873	398,920,710
매출채권	208,215,340,091	147,074,606,157
재고자산	4,893,616,476	5,125,002,720
기타유동금융자산	33,164,476,160	187,224,437,452
유동성금융리스채권	73,377,049	694,763,602
기타유동자산	81,940,271,619	66,609,328,667
미수법인세환급액	26,043,416,825	5,336,151,123
비유동자산	5,809,421,334,340	3,245,971,918,848
장기금융상품	2,194,425,251	2,208,661,882
당기손익-공정가치 측정 금융자산	33,746,520,388	23,819,920,966
기타포괄손익-공정가치 측정 금융자산	1,844,345,920,629	1,197,005,301,464
관계기업투자주식	2,034,549,043,494	232,695,353,572
투자부동산	18,768,336,959	15,595,073,039
유형자산	365,084,014,332	235,631,612,044
사용권자산	43,636,424,625	47,134,332,385
무형자산	1,363,568,035,759	1,383,801,463,824
기타비유동금융자산	9,669,077,137	14,671,721,050
장기금융리스채권		23,550,496
기타비유동자산	39,793,635,666	46,082,600,463
이연법인세자산	54,065,900,100	47,302,327,663
자산총계	7,402,098,543,223	5,806,087,951,025
부채		
유동부채	1,541,068,802,499	664,572,159,821
매입채무	91,353,650,336	52,704,904,920

자한 타법인이 상장된 기업인지를 확인한다. 넷마블이 출자한 타법인인 빅히트엔터테인먼트는 이미 상장되었고, 카카오뱅크는 상장 예정이다.

연결 포괄손익계산서

제 10 기 3분기 2020.01.01 부터 2020.09.30 까지

제 9 기 3분기 2019.01.01 부터 2019.09.30 까지

(단위 : 원)

	제 10 기 3분기		제 9 기 3분기	
	3개월	누적	3개월	누적
영업수익	642,283,644,623	1,860,922,207,083	619,862,743,514	1,623,697,374,260
영업비용	554,935,641,737	1,671,384,492,661	535,453,058,386	1,472,131,561,635
영업이익	87,348,002,886	189,537,714,422	84,409,685,128	151,565,812,625
금융수익	10,802,101,070	54,304,518,867	31,681,867,746	106,637,491,938
금융비용	7,928,798,902	44,080,651,932	6,883,679,622	46,634,340,141
영업외수익	4,030,498,600	7,136,754,108	722,681,611	1,950,150,945
영업외비용	2,020,104,257	4,864,986,346	1,944,314,057	9,607,488,043
지분법손익	23,727,460,889	52,641,722,780	2,888,856,169	4,979,106,366
법인세비용차감전순이익	115,959,160,286	254,675,071,899	110,875,096,975	208,890,733,690
법인세비용	23,482,926,124	19,477,422,837	26,165,072,159	43,816,739,691
분기순이익	92,476,234,162	235,197,649,062	84,710,024,816	165,073,993,999

추후 카카오뱅크 상장 시 발생하는 평가차익이 넷마블 주가에도 긍정적인 영향을 미칠 수 있다.

이런 기준으로 추려낸 종목 가운데 재무 안전성이 특히 뛰어난 것을 찾아낸다. 실적은 주가에 먼저 반영되지만 실제로 실적 발표 이후에도 실적에 따라 주가가 상승하거나 하락하는 경우가 많기 때문에 실적을 우선순위에 둔다. 만약 정기보고서를 통해 확인한 보유 주식의 실적이 나쁘면 단기 매도 시점으로 잡는다. 반대로 정기보고서를 통해 확인한 보유 주식의 실적이 좋으면 단기적으로 매도를 보류하거나 추가 매수 시점으로 잡는다.

자료 4-18 타법인 출자현황

한국카카오은행㈜ (비상장)(주5)	2016.03.15	인터넷 전문은행 설립 (보통주)	4,000	14,400,000	3.94	73,820	–	–
㈜카카오게임즈 (상장)	2018.02.28	게임사업 협력 및 제휴	50,000	3,218,320	5.77	46,505	–	–
2014 KIF-캡스톤 재도전IT 투자조합 (비상장)(주6)	2014.12.18	게임 투자 개발	300	–	8.87	791	–	–
PRESENCE CAPITALFUND I, L.P. (비상장)(주6)	2016.01.20	게임 투자 개발	878	–	9.99	1,060	–	-71
Bragiel Brothers I, L.P. (비상장)(주3,6)	2016.06.02	게임 투자 개발	595	–	9.99	1,148	–	–
본엔젤스메이커스펀드3 (비상장)(주6)	2018.09.19	AI 및 차세대기술 투자	800	–	4.00	800	–	600
SparkLabs Korea Fund II, L.P. (비상장)(주6)	2018.09.19	AI 및 차세대기술 투자	1,122	–	9.99	1,122	–	–
㈜원이멀스 (비상장)	2011.09.28	게임 투자 개발 (보통주)	15,000	208,020	19.56	3,487	–	–
㈜원이멀스 (비상장)	2020.03.23	게임 투자 개발 (우선주)	500	–	–	–	8,625	500
넷마블-코나청년창업투자조합 (구, 캡스톤6호벤처조합)(비상장)(주6)	2015.09.18	게임 투자 개발	1,180	–	29.06	2,358	–	–
Kabam Inc. (비상장)	2017.02.23	게임 투자 개발	845,812	501,813,181	100.00	845,812	–	–
Digipark Singapore PTE. LTD. (비상장)	2017.09.26	게임 투자 개발 및 해외거점 확보	2,249	7,000,000	100.00	8,050	–	–
㈜빅디퍼 (비상장)	2017.11.17	빅데이터 관련 사업 투자	400	80,000	26.67	400	–	–
㈜니오스트림인터랙티브 (비상장)	2018.02.28	게임 투자 개발 (우선주)	5,000	12,280	28.47	5,414	–	–
㈜빅히트엔테테인먼트 (상장) (주1,8,9)	2018.05.31	글로벌 게임 및 음악시장 관련 사업 투자	201,431	445,882	25.04	201,431	6,641,687	-1,315-

Mentor's Tip!

어닝 서프라이즈 Earning Surprise**와 어닝 쇼크**Earning Shock

여기서 '어닝'은 기업의 실적을 뜻한다. 실적과 관련되어 있으므로 보고서가 공시되는 시기에 자주 접할 수 있는 개념이다.

어닝 서프라이즈는 시장의 예상치를 뛰어 넘는 기대 이상의 실적을 기록한 것이다. 어닝 서프라이즈를 이용하여 단기 매수를 진행할 수 있다.

반대로 어닝 쇼크는 시장의 예상치를 크게 미치지 못하는 기대 이하의 실적을 기록한 것이다. 어닝 쇼크가 발생하면 단기 매도한다.

잠정실적치 확인 후 매수 또는 매도 여부 체크

　4분기 실적을 포함한 1월~12월 실적에 대한 사업보고서 공시가 3월 31일까지인데, '잠정실적치'는 미리 몇 개가 나와 있기도 한다. 잠정실적치와 정기보고서를 통한 실제 공시 사이에 차이가 거의 없기 때문에 잠정실적치를 신뢰하는 것도 괜찮다. 어닝서프라이즈 또는 실적이 좋다면 매수 타이밍, 어닝쇼크 또는 실적이 나쁘다면 매도 타이밍 또는 매수보류 종목으로 저장해둔다. 잠정실적치는 에프앤가이드https://www.fnguide.com에서 확인할 수 있다.

자료 4-19　에프앤가이드

재료의 중요성

주식을 매수할 때 기본적 분석과 기술적 분석의 중요성은 계속 강조해도 넘침이 없다. 그때 뒷받침되어야 하는 것이 회사의 재료다. 즉 기업의 호재나 악재이다. 대형 호재나 대형 악재가 발생하면 기본적 분석이나 기술적 분석은 단기적으로 아무 의미가 없어진다. 적자가 나고 기술적 분석도 소용없는 중소형 반도체 소재주를 삼성전자가 인수를 검토하고 있다는 공시가 나오면 주가는 폭등하고, 실적도 좋고, 기술적 분석도 좋은데 그 회사의 핵심기술에 문제점이 발생했다는 공시가 나오면 주가는 폭락한다. 재료는 뉴스나 공시 등을 통해서 가장 빠르게 확인해야 하고 그에 따른 매수 또는 매도를 단행해야 한다.

관심 종목 50개 만들기

언제든지 매수할 수 있도록 종목 50개를 관심 종목에 담아두자. 아무리 열심히 분석했음에도 실패하는 일이 생긴다. 만약 매수 후 5일 이동평균선이 깨지면서 하락하거나 20일 이동평균선이 깨지면서 하락한다면, 무작정 손을 놓고 있기 보다는 관심 종목 50개 중에서 거의 같은 가격의 종목 중 우상향하는 종목으로 교체하는 것도 방법이 될 수 있다. 안 되는 주식은 얼른 손절하고 같은 가격의 좋은 신호를 가진 종목으로 갈아타는 방법도 있음을 기억하자.

Chapter 5

최신 트렌드를 알면
매매할 수 있는
테마주

테마주는 어떻게
매매해야 할까?

Q 테마주의 주제는 어느 것이 될 수 있을까요?

A 테마주는 종류도 범위도 다양합니다. 증권시장까지 파장을 미치는 사회적인 이슈나 유행과 관련된 재료가 테마주의 주제가 됩니다. 정치, 경제, 문화, 계절에 속하는 각각의 종목이 한 가지 주제로 묶여 주가의 오르내림을 같이 한다면 테마주라고 말할 수 있습니다. 테마주는 나타났다가 사라지는 특성이 있습니다. 단기 급등 후 단기 급락할 수 있다는 점을 기억하며 투자에 대응해야 합니다.

과연 테마주란 무엇일까?

날이 더워지면 빙과류, 수영복 생산업체, 여행사, 항공사의 주가가 동반 상승하거나 하락한다. 또는, 선거철 당선 가능성이 높은 후보자와 관

국내증시

금융홈 > 국내증시 > 테마별 시세

| 테마별 시세 |

주요시세정보
코스피 코스닥 선물
코스피200 코넥스

시가총액 배당
업종 **테마** 그룹사
ETF ETN

상승 보합 하락
상한가 하한가
급등 급락

거래상위 급증 급감

투자자별매매동향
외국인매매 기관매매
프로그램매매동향
증시자금동향

신규상장
외국인보유
장외시세
IPO

투자자보호
관리종목
거래정지종목
시장경보종목

조건검색
골든크로스 갭상승
이격도과열 투심과열
상대강도과열

기업 전자공시

공매도 거래 현황

테마명 ^	전일대비 ^	최근3일 등락률(평균) ^	전일대비 등락현황			주도주	
			상승	보합	하락		
화학섬유	+3.71%	+1.36%	3	0	5	⬆ 셀안	▲ 효성티앤씨
마리화나(대마)	+2.90%	-0.10%	3	2	1	▲ 오성첨단소..	▲ 세미콘라이..
국내 상장 중국기업	+2.89%	+1.13%	6	2	4	⬆ 글로벌에스..	▲ 오가닉티코..
온실가스(탄소배출권)	+2.76%	+0.97%	5	0	8	⬆ 글로벌에스..	▲ 그린케미칼
치아치료(임플란트 등)	+1.80%	+1.48%	6	0	7	▲ 오스테오닉	▲ 쎌마테라퓨..
조림사업	+1.60%	+1.13%	8	1	5	▲ 동신건설	▲ 이건홀딩스
우주항공산업	+1.14%	+0.48%	9	0	5	▲ 한화에어로..	▲ 퍼스텍
시스템반도체	+1.06%	+0.22%	18	0	19	⬆ 지니틱스	▲ 디아이
테마파크	+1.01%	+3.28%	2	1	3	▲ 한국종합기..	▲ 신세계건설
그래핀	+1.00%	+1.48%	3	0	10	⬆ 오리엔트정..	▲ 덕양산업
구제역/광우병 수혜	+0.95%	+1.21%	10	1	9	▲ 정다운	▲ 팜스토리
종합상사	+0.80%	+0.65%	3	0	4	▲ 효성티앤씨	▲ 삼성물산
LED장비	+0.69%	+1.27%	6	1	7	▲ 한미반도체	▲ 티에스이
밥솥	+0.65%	+1.28%	2	1	2	▲ 신일전자	▲ PN풍년
아프리카 돼지열병(ASF)	+0.65%	+1.14%	16	1	16	▲ 정다운	▲ 팜스토리
미디어(방송/신문)	+0.56%	+0.58%	6	0	9	▲ YTN	▲ iMBC
반도체 장비	+0.54%	+0.18%	30	2	38	▲ 한화에어로..	▲ 인텍플러스
리모델링/인테리어	+0.54%	+0.59%	7	2	14	▲ 에넥스	▲ 이건홀딩스
4대강 복원	+0.51%	+0.91%	5	0	5	▲ 코리아에스..	▲ 삼호개발
사료	+0.51%	+1.59%	10	0	8	▲ 팜스토리	▲ 사조동아원
드론(Drone)	+0.51%	+1.01%	9	3	10	▲ 한화에어로..	▲ 엠씨넥스
공기청정기	+0.48%	+1.09%	4	1	7	▲ 카스	▲ 신일전자
3D 낸드(NAND)	+0.38%	+0.21%	11	0	9	▲ 디엔에프	▲ 원익QnC
MVNO(가상이동통신…)	+0.34%	+0.38%	3	1	4	▲ LG헬로비..	▲ 인스코비
코로나19(덱사메타손)	+0.30%	+1.74%	5	0	12	⬆ 한국파마	▲ 동성제약

련된 다양한 종목이 후보의 지지율에 따라 주가가 상승하거나 하락한
다. 특정한 관계가 없는 것처럼 보이는 여러 개의 주가가 같이 오르락내
리락하는 것은 계절과 정치인이란 재료로 영향을 받은 테마주이기 때문
이다. 이렇듯 별다른 관계가 없어 보이는 각 종목의 주가가 한 가지 주제
안에서 상승과 하락을 동반하는 종목군을 테마주라 묶을 수 있다.

테마주는 삶만큼이나 다양한 재료로 나타난다. 테마주의 성격과 테마

별 시세 그리고 테마별 주도주를 확인할 수 있는 곳은 네이버금융-국내증시-테마부분이다. 이 페이지는 사람들에게 인기 있는 최신 테마와 관련주를 모두 망라하기 때문에 정보를 얻기 좋다.

테마주도 장기와 단기가 있다

빠르게 지나가는 유행을 따라 테마는 순환한다. 일반적으로 테마주에 대한 관심은 오래 지속되지 않는다. 얼마나 관심을 오래 끄는가에 따라 단기 테마와 장기 테마로 구분할 수 있다. 주식 매매의 방향성도 달라진다. 태풍, 황사, 9·11테러, 드론, 보안, 남북경협 등의 주제는 단기 테마에 속한다. 정책적인 방향성을 제시하는 뉴딜이나 친환경 그리고 전 세계적으로 영향을 받는 코로나19 등은 장기 테마에 속한다.

단기 테마주로 급등하면 단기 매매로, 장기 테마로 급등하면 장기적 관점에서 매매한다. 테마주를 매수할 때에는 가급적 1등주(해당 테마주가 속한 산업에서 1순위 기업의 주식)를 매수하는 것이 좋다. 예를 들면 코로나19 바이러스 진단키트 개발에서 앞서고 있는 씨젠의 주식을 매매하거나, 코로나19 바이러스 치료제 개발을 진행하고 있는 셀트리온의 주식을 매수한다. 2차전지 산업에서 선두를 달리는 LG화학의 주식을 매매하는 것도 이에 해당한다.

선거마다 여론조사 1위 후보와 관련한 테마주를 지켜볼 수도 있다. 정치인 테마주는 정치인과 기업 간의 밀접한 관계라기보다는 학연, 지연 등으로 엮어 누군가 만들어낸 것이라 보는 것이 맞다. 정치 테마주는 정치인의 신변 이상이나 은퇴 등으로 상당한 리스크를 안을 수도 있기 때문에 투자할 때 주의가 필요하다. 앞으로 자주 주목받을 것 같은 정치인이 있다면 관련된 테마주를 선제적으로 매수하는 것도 방법이 될 수 있다. 서울시장이나 대선에 출마할 누군가를 살펴보고 그 정치인의 테마주를 검색해서 종목을 찾는다. 인터넷 포털사이트에서 'ㅇㅇㅇ 관련주'를 검색하면 해당 정치인과 관련된 주식 종목의 정보를 볼 수 있다.

테마주를 이용하는 또 다른 방법으로는 서로 반대되는 성격의 테마주를 비교하여 매매하는 것이다. 이 경우 방산주-빅텍과 남북경협주-아난티가 대표적이다. 남북관계나 북미관계가 좋아지면 남북경협주인 아난티가 급등하고, 방산주인 빅텍에는 영향을 미치지 못한다. 반면에 북한이 미사일 발사 실험을 하거나, 이해관계 문제로 남북 관계가 경색되면 방산주인 빅텍이 급등하고, 남북경협주인 아난티는 급락한다. 이런 상황으로 미루어봤을 때 둘 중 어떤 주식을 매수하는 것이 나을까? 빅텍을 매수해야 한다. 1년에 몇 번 정도 남북 간 긴장 상황이 발생할 때마다 빅텍의 차트가 급등하는 경향을 더 많이 보였기 때문이다. 빅텍 주가가 횡보할 때 관심을 갖고 지켜보는 것도 좋겠다.

대주주였던 대표이사나 회장의 자리가 바뀔 때에도 주식은 영향을 받는다. 전방과 삼성물산의 주식 가격이 상승했을 때를 보면 알 수 있다. 경영권 분쟁이 일어난 기업에서도 이러한 경향을 보이는데, 한진칼과 한국테크놀로지그룹에서 경영권 분쟁으로 주가가 급등한 경우가 이에 해당한다.

테마주는 단기 급등하고 단기 급락한다. 테마주에 엮여서 가지고 있던 종목의 주가가 상승했다면, 그때가 바로 단기 매도를 통해 수익을 실현하는 타이밍이다. 테마주를 매수할 때는 앞서 계속 강조했던 원칙대로 실적과 재무상태가 좋은 주식이어야 한다는 점을 기억해야 한다.

따라서 테마주를 매매할 때는 이런 방법을 생각해 볼 수 있다. 첫째, 테마 이슈로 단기 상승하면 단기 수익을 낸 후 매도하고 둘째, 테마 이슈로 단기 하락하면 단기 반등을 위해 매수한다. 셋째, 실적과 재무상태가 좋은 주식을 매수하는 것이다. 테마주로 급등하면 단기 매도 타이밍, 테마주로 급락하면 단기 매수 타이밍이다.

Mentor's Strategy! 실전! 테마주 분석

① 방산주 빅텍

남북관계가 경색될 때마다 빅텍의 주가는 급등했다. 북한의 미사일발사 뉴스, 김정은 북한 국무위원장 유고설로 인한 전쟁발발이라는 이슈로 주가가 움직인 것을 확인할 수 있다.

② 장마주 조비

매년 7~8월 여름이 되면 장마 테마로 조비의 주가가 급등락을 반복한다. 여름에는 조비를 매수하여 단기 차익을 생각해볼 수 있다.

자료 5-2 방산주 빅텍 차트

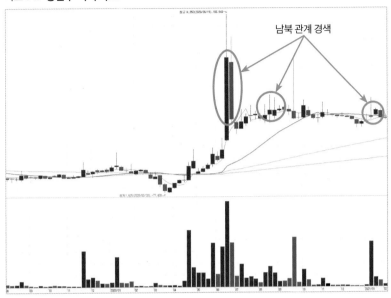

자료 5-3 장마주 조비 차트

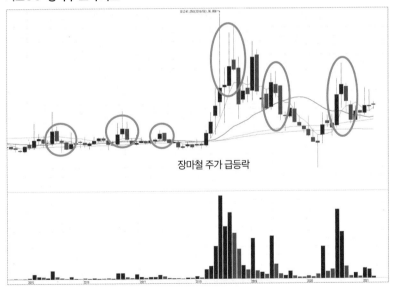

한 번 더 월급을 받고 싶다면
놓치지 말아야 할 배당주

Q 연말에 배당주를 사서 배당수익을 거두고 싶다면, 배당주는 언제까지 매수해야 하나요? 모든 회사가 배당을 하나요?

A 12월 결산법인의 주식은 12월 폐장일까지 주식을 보유하고 있어야 하는데요. 우리나라 주식시장은 주식을 매수하고 2일 후에 결제가 됩니다. 폐장일이 12월 30일이라면 영업일기준 2일 전인 12월 28일까지 매수해야 12월 30일에 결제가 되어서 주주로서 배당을 받을 수 있는 요건을 갖추게 됩니다. 그러나 모든 상장회사가 배당을 하는 것은 아닙니다. 배당을 하지 않는 회사가 더 많습니다. 배당 여부는 사전에 회사가 배당예정공시를 하면 알 수 있지만 보통은 공시를 하지 않기 때문에 일반 주주들은 배당 여부와 배당금을 알 수 없습니다. 기존 3~4년 동안 배당을 어떻게 해왔는지 네이버금융-배당편이나 각 회사의 배당과 관련된 지난 공시를 통해 배당성향을 짐작할 뿐입니다.

은행 예금이나 채권 등 주식투자 이외의 금융상품과 수익성을 비교했을 때 기업이 지급하는 배당 수익에 대한 기대가 커지면서 배당주에 대한 관심도 늘었다. 특히 높은 배당수익률을 예상할 수 있는 배당주는 수요가 많아지면서 주가에 영향을 주기도 한다.

배당은 상장기업이 낸 이익금을 현금이나 주식으로 주주들에게 나누어주는 것을 말하는데 대부분 기업의 회계 결산월이 12월이다 보니 12월에는 배당주에 대한 관심이 그 어느 때보다도 높아진다. 저금리 시대에 투자자들은 주가 상승을 염두하고 주식을 매수하기도 하지만, 배당 수익을 염두하고 주식을 매수하는 투자자도 증가하고 있다. 배당 수익률이 5퍼센트를 넘는 주식도 꽤 존재하기 때문이다.

그러나 모든 상장기업이 배당을 하는 것은 아니다. 10여 년 동안 단 한 번도 배당을 하지 않은 기업도 많다. 배당 여부를 판단하려면 최근 3~5년간 배당을 실시했는지, 배당을 실시했다면 어느 정도 배당을 해주었는지를 먼저 알 필요가 있다. 요즘에는 사전에 배당결정을 공고하는 회사도 있다고도 하지만 이 역시도 흔하지는 않다.

당기순이익이 크면 배당을 하고, 적자가 나면 배당을 하지 않는 것이 보통이다. 그러나 당기순이익이 크다고 해서 무조건 배당을 하는 것은 아니고, 또 당기순손실, 즉 적자가 났다고 하더라도 기존에 이익잉여금이 확보되어 있었다면 배당을 할 수도 있다. 배당 여부는 회사 경영진 성향에 달렸다. 이사회 결의와 주주총회를 통해서 배당여부를 최종 결정한다. 배당은 기업이 주주에 대해 배려하고 책임을 다한다는 점에서 긍정적이다.

반드시 필요한 배당의 조건

우리나라 상장기업의 결산월이 대부분 12월임을 감안할 때, 결산기 말일 기준으로 해당 기업의 주주여야만 배당을 받을 수 있다. 12월 폐장일까지는 주주가 되어야 한다는 뜻이다. 폐장일이 12월 30일이라면 그날까지는 반드시 주주 자격이어야 하는데, 주식은 매수 후에 곧바로 결제되지 않고 매수 주문이 체결된 날을 기준으로 +2일이 소요된다는 문제가 있다. 12월 30일로부터 영업일기준 -2일 전인 12월 28일에는 배당 받을 주식을 매수해야 주주가 되고 차후 배당을 받을 수 있는 요건을 얻을 수 있으니 주의한다. 이때 또 하나 12월 28일과 29일이 영업일인지를 살펴봐야 한다.

예를 들어 2020년 12월 달력을 봤을 때, 12월 30일 수요일이 폐장일이라면, -2일 전인 12월 28일까지 주식을 매수해야 배당을 받을 자격을 얻을 수 있다.

일	월	화	수
27	28 주식 매수	29	30 폐장일

배당을 잘하는 기업을 찾을 수 있을까?

그렇다면 배당을 자주하고 많이 한 상장기업을 쉽게 찾는 방법이 있을까? 있다. 바로 네이버금융-배당 카테고리를 통해 확인하는 것이다. 네이버금융으로 배당성향이 좋았던 상장기업을 순위로 확인할 수 있다. 배당성향이 좋았던 회사의 연도별 배당금은 금감원 전자공시시스템을 통해서도 확인할 수 있다. 회사의 배당성향을 체크한 후 아래의 규칙에 따라 좋은 배당주를 골라낸다.

규칙 1. 최근 4년간 배당성향이 좋은 종목
규칙 2. 최근 3분기까지의 누적 당기순이익이 큰 종목

최근 4년간의 배당성향이 중요하다. 3분기 결산까지 당기순이익이 크다면 더욱 좋다. 만약 4년 동안 배당은 좋았지만 3분기까지 큰 폭의 당기순손실을 기록했다면 배당을 하기가 쉽지 않을 수도 있다.

자료 5-4 네이버금융 배당

종목명	현재가	기준월	배당금	수익률 (%)	배당성향 (%)	ROE (%)	PER (배)	PBR (배)	과거 3년 배당금		
									1년전	2년전	3년전
베트남개발1	238	20.02	90	37.64	-	-	-	-	4	199	90
동양고속	26,200	19.12	4,700	17.94	38.41	26.85	2.41	0.55	1,000	635	153
두산우	41,150	19.12	5,250	12.76	23.78	23.52	3.86	0.80	5,250	5,158	5,150
대동전자	4,370	20.03	500	11.44	97.78	3.26	7.36	0.19	0	0	0
웅진씽크빅	2,730	19.12	310	11.37	-29.05	-35.62	-2.38	0.83	0	122	0
한국ANKOR유전	1,650	19.12	185	11.21	-	-	-	-	215	265	295
두산	49,000	19.12	5,200	10.61	23.78	23.52	3.86	0.80	5,200	5,100	5,100
삼일옵틱스	9,540	19.12	1,000	10.48	74.18	35.97	9.47	3.27	1,100	1,300	1,200
유아이엘	3,925	19.12	400	10.19	101.34	4.92	13.65	0.64	400	500	350
대신증권우	10,750	19.12	1,050	9.77	72.88	4.79	10.95	0.41	670	660	600
대신증권2우B	10,250	19.12	1,000	9.76	72.88	4.79	10.95	0.41	620	610	550
한국기업평가	94,300	19.12	8,618	9.14	188.86	20.96	13.05	2.44	2,360	2,250	1,947
한국패러랠	1,910	19.12	165	8.64	-	-	-	-	200	205	80
세아특수강	11,400	19.12	900	7.89	69.02	3.47	10.51	0.36	900	750	750
쌍용양회	5,550	19.12	420	7.57	161.94	7.02	21.86	1.59	370	214	32
대신증권	13,800	19.12	1,000	7.25	72.88	4.79	10.95	0.41	620	610	550
천일고속	69,600	19.12	5,000	7.18	648.34	1.28	138.47	1.96	6,000	15,300	8,000
기업은행	9,330	19.12	670	7.18	23.80	7.36	4.93	0.35	690	617	480
씨엠에스에듀	5,920	19.12	425	7.18	128.94	15.29	16.14	2.55	260	300	300
대교우B	2,510	19.12	180	7.17	87.81	2.76	37.64	0.86	220	250	250

없는 게 없는 금감원 전자공시시스템

파트론

사전에 현금·현물배당에 대한 결정 공시를 투자자들에게 상세하게

자료 5-5 파트론 배당 결정

<table>
<tr><td colspan="3" align="center">현금·현물배당 결정</td></tr>
<tr><td>1. 배당구분</td><td colspan="2">결산배당</td></tr>
<tr><td>2. 배당종류</td><td colspan="2">현금배당</td></tr>
<tr><td>- 현물자산의 상세내역</td><td colspan="2">-</td></tr>
<tr><td rowspan="2">3. 1주당 배당금(원)</td><td>보통주식</td><td align="right">250</td></tr>
<tr><td>종류주식</td><td align="right">-</td></tr>
<tr><td>- 차등배당 여부</td><td colspan="2">미해당</td></tr>
<tr><td rowspan="2">4. 시가배당률(%)</td><td>보통주식</td><td align="right">2.39</td></tr>
<tr><td>종류주식</td><td align="right">-</td></tr>
<tr><td>5. 배당금총액(원)</td><td colspan="2" align="right">12,789,102,500</td></tr>
<tr><td>6. 배당기준일</td><td colspan="2">2020-12-31</td></tr>
<tr><td>7. 배당금지급 예정일자</td><td colspan="2">-</td></tr>
<tr><td>8. 승인기관</td><td colspan="2">주주총회</td></tr>
<tr><td>9. 주주총회 예정일자</td><td colspan="2">-</td></tr>
<tr><td>10. 이사회결의일(결정일)</td><td colspan="2">2020-12-11</td></tr>
<tr><td rowspan="2">- 사외이사 참석여부</td><td>참석(명)</td><td align="right">1</td></tr>
<tr><td>불참(명)</td><td align="right">0</td></tr>
<tr><td>- 감사(감사위원) 참석여부</td><td colspan="2">참석</td></tr>
<tr><td colspan="3">11. 기타 투자판단과 관련한 중요사항</td></tr>
<tr><td colspan="3">1. 상기 시가배당률은 주주명부폐쇄일 2매매거래일 전부터 과거 1주일간의 코스닥시장에서 형성된 최종가격의 산술평균가격에 대한 1주당 배당금의 백분율로 산정하였습니다.</td></tr>
<tr><td colspan="3">2. 배당금 총액은 공시일 현재 총발행주식 54,156,410주에서 무배당주인 자기주식 3,000,000주를 제외하고 산정되었으며, 배당기준일까지 자기주식 취득 및 처분에 따라 실제 배당금 총액은 변동될 수 있습니다.</td></tr>
<tr><td colspan="3">3. 배당금지급 예정일자는 상법 제 464조의2의 규정에 의거하여 주주총회일로 부터 1개월 내에 지급할 예정입니다.</td></tr>
<tr><td colspan="3">4. 주주총회 예정일자는 이사회에서 결정되는대로 추후 주주총회소집결의 공시를 통해 안내할 예정입니다.</td></tr>
<tr><td colspan="3">5. 상기 내용은 주주총회 승인 과정에서 변경될 수 있습니다.</td></tr>
<tr><td colspan="3">※ 관련공시   -</td></tr>
</table>

알렸다. 함께 그 내용을 살펴보자.

엠씨넥스

사전에 현금배당의 계획이 있음을 공시하고 있다.

자료 5-6 엠씨넥스 배당 계획 공시

실용적인 네이버금융

코스피 상장기업으로 배당 예상하기

네이버금융에서 코스피 상장기업 중에 최근 4년간 배당성향이 좋았던

배당

전체 | 코스피 | 코스닥

종목명	현재가	기준월	배당금	수익률 (%)	배당성향 (%)	ROE (%)	PER (배)	PBR (배)	과거 3년 배당금		
									1년전	2년전	3년전
베트남개발1	238	20.02	90	37.64	-	-	-	-	4	199	90
동양고속	26,200	19.12	4,700	17.94	38.41	26.85	2.41	0.55	1,000	635	153
두산우	41,150	19.12	5,250	12.76	23.78	23.52	3.86	0.80	5,250	5,150	5,150
대동전자	4,370	20.03	500	11.44	97.78	3.26	7.36	0.19	0	0	0
웅진씽크빅	2,730	19.12	310	11.37	-29.05	-35.62	-2.38	0.83	0	122	0
한국ANKOR유전	1,650	19.12	185	11.21	-	-	-	-	215	265	295
두산	49,000	19.12	5,200	10.61	23.78	23.52	3.86	0.80	5,200	5,100	5,100
대신증권우	10,750	19.12	1,050	9.77	72.88	4.79	10.95	0.41	670	660	600
대신증권2우B	10,250	19.12	1,000	9.76	72.88	4.79	10.95	0.41	620	610	550
한국패러랠	1,910	19.12	165	8.64	-	-	-	-	200	205	80
세아특수강	11,400	19.12	900	7.89	69.02	3.47	10.51	0.36	900	750	750
쌍용양회	5,550	19.12	420	7.57	161.94	7.02	21.86	1.59	370	214	32
대신증권	13,800	19.12	1,000	7.25	72.88	4.79	10.95	0.41	620	610	550
천일고속	69,600	19.12	5,000	7.18	648.34	1.28	138.47	1.96	6,000	15,300	8,000
기업은행	9,330	19.12	670	7.18	23.83	7.36	4.93	0.35	690	617	480
대교우B	2,510	19.12	180	7.17	87.81	2.76	37.64	0.86	220	250	250
현대중공업지주	258,000	19.12	18,500	7.17	156.15	2.20	31.78	0.62	18,500	0	-
우리금융지주	9,970	19.12	700	7.02	27.00	-	4.18	0.39	-	-	-
유성기업	2,850	19.12	200	7.02	29.50	6.47	3.97	0.25	100	120	120
아이마켓코리아	8,810	19.12	600	6.81	121.70	4.31	23.27	0.93	450	350	450
제이에스코퍼	7,440	19.12	500	6.72	77.40	5.26	20.39	1.01	450	300	250
동양생명	3,475	19.12	230	6.62	31.11	4.73	5.60	0.24	100	360	200
한전KPS	29,050	19.12	1,920	6.61	56.35	14.98	11.49	1.66	1,790	1,470	680
두산2우B	79,100	19.12	5,200	6.57	23.78	23.52	3.86	0.80	5,200	5,100	5,100
코리안리	7,610	19.12	500	6.57	30.44	8.04	5.81	0.43	275	300	325

상위 업체를 확인할 수 있다. 특히 동양고속 같은 경우는 2020년에 배당 수익률이 무려 17.94퍼센트를 기록했다.

최근 4년간 배당성향이 좋았던 기업의 최근 배당내역(우선주 등 제외)은 자료 5-8의 내용과 같다. 최근 3분기까지 실적만 놓고 배당을 생각하여 투자한다면 당기순이익이 큰 회사가 좋지만, 웅진씽크빅은 '배당을 꾸준

자료 5-8 코스피 4년간 배당성향이 좋았던 기업의 최근 배당내역(우선주 제외)

순위	회사명	배당금액	배당수익률
1	동양고속	4,700원	17.94%
2	대동전자	500원	11.44%
3	웅진씽크빅	310원	11.37%
4	한국ANKOR유전	185원	11.21%
5	두산	5,200원	10.61%
6	한국패러럴	165원	8.64%
7	세아특수강	900원	7.89%
8	쌍용양회	420원	7.27%
9	대신증권	1,000원	7.25%
10	천일고속	5,000원	7.18%
11	기업은행	670원	7.18%
12	현대중공업지주	18,500원	7.17%
13	우리금융지주	700원	7.02%
14	유성기업	200원	7.02%
15	아이마켓코리아	600원	6.81%

하게 해주는 회사가 아니라는 점', 쌍용양회가 '거래정지 및 보통주 무상 감자' 등을 하고 있는 회사라는 점을 감안하여 비록 아래 순위에 포진해 있지만 꾸준하게 배당을 하고, 이번 연도에 당기순이익도 충분한 회사, 즉 기업은행이나 우리금융지주를 배당 관심주로 매수하는 것이 적절하다.

순위	회사명	당기순이익
1	동양고속	(-)
2	대동전자	(-)
3	웅진씽크빅	(+)
4	한국ANKOR유전	
5	두산	(-)
6	한국패러럴	
7	세아특수강	(-)
8	쌍용양회	(+)
9	대신증권	(-)
10	천일고속	(-)
11	기업은행	(+)
12	현대중공업지주	(-)
13	우리금융지주	(+)
14	유성기업	(-)
15	아이마켓코리아	(+)

코스닥 상장기업으로 배당 예상하기

코스닥 상장회사 중에 최근 4년간 배당성향이 좋았던 상위 업체를 확인할 수 있다. 특히 삼양옵틱스 같은 경우는 2020년에 배당수익률이 무려 10.48퍼센트를 기록했다.

배당

전체　코스피　코스닥

종목명	현재가	기준월	배당금	수익률 (%)	배당성향 (%)	ROE (%)	PER (배)	PBR (배)	과거 3년 배당금		
									1년전	2년전	3년전
삼양옵틱스	9,540	19.12	1,000	10.48	74.18	35.97	9.47	3.27	1,100	1,300	1,200
유아이엘	3,925	19.12	400	10.19	101.34	4.92	13.65	0.64	400	500	350
한국기업평가	94,300	19.12	8,618	9.14	188.86	20.96	13.05	2.44	2,360	2,250	1,947
씨엠에스에듀	5,920	19.12	425	7.18	128.94	15.29	16.14	2.55	260	300	300
정상제이엘에스	6,630	19.12	430	6.49	74.30	12.20	15.47	1.77	430	430	430
네오티스	3,855	19.12	250	6.49	192.99	3.13	30.93	0.93	250	350	350
인터엠	1,555	19.09	100	6.43	-27.71	-10.69	-7.07	0.79	120	120	120
푸른저축은행	8,670	19.12	550	6.34	27.46	9.59	4.80	0.36	550	550	500
코엔텍	8,860	19.12	540	6.09	111.43	16.00	20.58	3.24	400	25	25
에스텍	9,890	19.12	600	6.07	29.34	11.74	7.39	0.64	500	500	500
에스에이엠티	2,375	19.12	140	5.89	36.87	16.62	5.84	0.91	130	110	100
에스티오	2,140	19.12	120	5.61	44.49	9.62	9.05	0.82	95	14	13
일진파워	5,460	19.12	300	5.49	36.06	12.70	6.94	0.83	330	220	200
서호전기	22,650	19.12	1,200	5.30	40.29	22.33	7.87	1.61	500	900	700
이베스트투자	6,690	19.12	345	5.16	33.74	11.23	5.50	0.55	485	485	515
오리콤	4,380	19.12	220	5.02	42.04	7.36	9.69	0.68	220	220	220
파커스	3,010	19.12	150	4.98	-55.71	-4.06	-11.12	0.46	300	0	0
한일네트웍스	4,720	19.12	230	4.87	39.05	10.85	7.53	0.79	200	70	0
인포바인	18,700	19.12	900	4.81	21.77	11.00	7.61	0.55	950	1,080	900
금화피에스시	27,700	19.12	1,300	4.69	28.18	12.04	6.39	0.74	1,300	900	900
경남스틸	1,920	19.12	90	4.69	48.51	5.40	9.62	0.51	70	70	30
피제이메탈	2,165	19.12	100	4.62	117.42	5.19	31.94	1.66	100	100	90
GS홈쇼핑	141,900	19.12	6,500	4.58	35.40	9.81	8.90	0.77	7,000	6,500	7,000
한국캐피탈	552	19.12	25	4.53	31.05	7.81	5.26	0.60	18	12	18
청담러닝	22,150	19.12	1,000	4.51	85.01	12.06	18.08	1.93	800	800	800

이렇게 자료 5-11과 자료 5-12로 판단했을 때 배당을 생각하고 투자한다면 배당을 꾸준히 해왔고, 이번 연도에 당기순이익도 충분하게 나는 회사, 즉 삼양옵틱스와 한국기업평가를 배당 관심주로 매수하는 것이 적절하다.

순위	회사명	배당금액	배당수익률
1	삼양옵틱스	1,000원	10.48%
2	유아이엘	400원	10.19%
3	한국기업평가	8,618원	9.14%
4	씨엠에스에듀	425원	7.18%
5	정상제이엘에스	430원	6.49%
6	네오티스	250원	6.49%
7	인터엠	100원	6.43%
8	푸른저축은행	550원	6.34%
9	코엔텍	540원	6.09%
10	에스텍	600원	6.07%
11	에스에이엠티	140원	5.89%
12	에스티오	120원	5.61%
13	일진파워	300원	5.49%
14	서호전기	1,200원	5.30%
15	이베스트투자증권	345원	5.16%

자료 5-12 **전자공시시스템 3분기 보고서의 손익계산서(코스닥)** ━━━━━━━━

순위	회사명	당기순이익
1	삼양옵틱스	(+)
2	유아이엘	(−)
3	한국기업평가	(+)
4	씨엠에스에듀	(+)
5	정상제이엘에스	(+)
6	네오티스	(−)
7	인터엠	(−)
8	푸른저축은행	(+)
9	코엔텍	(+)
10	에스텍	(−)

내일의 주식시장을
예측할 수 있는 3가지 방법

Q 주식투자를 잘하고 싶은데 어떻게 노력해야 할까요?

A 주식투자를 잘하기 위해서는 뉴스에 관심이 많아야 합니다. 뉴스가 주가에 미칠 영향도 판단할 수 있어야 합니다. 예를 들어 남북경협주를 보유하고 있는데 북한이 동해상에서 우리나라 어선을 향해 미사일을 발사했다는 뉴스가 나오면 보유하고 있던 남북경협주는 단기적으로 매도해야 합니다. 그리고서 얼른 방산주인 빅텍을 매수해야겠지요. 만약 코로나19 백신 생산에 관련한 뉴스가 나오면 주가에 기대 심리가 반영됩니다. 백신으로 일상 회복이 가능하다는 기대감이 커져서 항공, 여행, 레저 산업의 주가가 급등할 것입니다. 반면 백신으로 인해 코로나19가 종식되면 코로나19 바이오 관련주는 급락할 것입니다. 뉴스를 통해 매수와 매도에 관한 적절한 대응을 해야합니다.

미국 시장을 놓치지 않는다

언제나 그렇다고 말할 수는 없지만 우리나라 주식시장이 미국 주식시장의 상승과 하락을 따라가는 경우가 많다. 따라서 내일 주식시장을 예측하는 방법 중 하나는 미국 증시를 살펴보는 것이다.

미국 다우존스Dow Jones지수와 나스닥지수 동향을 본다. 주식시장은 글로벌 동조 현상이 더욱더 강해지는 추세다. 우리나라 주식시장은 특별한 이슈 없이도 미국 증시의 영향을 크게 받고, 특별한 이슈가 없다면 일본이나 중국 증시의 영향은 거의 받지 않는다. 그러므로 우리나라 주식시장이 시작되는 전날 밤 11시 30분부터 다음 날 오전 6시까지(한국시간, 미국 현지시간은 오전 9시 30분부터 오후 4시까지임) 거래되는 미국의 증시의 등락을 잘 살펴보는 것이 좋다.

> 미국 증시가 상승으로 마감하면 우리나라 증시는 상승으로 시작
>
> 미국 증시가 폭등으로 마감하면 우리나라 증시는 폭등으로 시작
>
> 미국 증시가 하락으로 마감하면 우리나라 증시는 하락으로 시작
>
> 미국 증시가 폭락으로 마감하면 우리나라 증시는 폭락으로 시작

늘 그러한 것은 아니지만 우리나라 주식시장이 미국 주식시장의 상승 또는 하락을 함께 따라가는 경우가 많다. 따라서 다음날 주식시장을 예측하는 가장 좋은 방법 중 하나는 전날의 미국 증시를 살펴보는 것이다.

주가는 뉴스에 달렸다

주식시장이 개장하기 전 많은 뉴스들이 생성되고 소멸된다. 주식시장에서 호재로 받아들일지 악재로 받아들일지는 뉴스 내용에 달렸다. 호재는 주가의 상승을 돕는 좋은 재료이다. 경기부양책, 경제회복, 백신 개발, 치료제 개발, 남북정상회담 개최 등의 내용이 주가에 좋은 영향을 미친다. 반대로 악재는 주가 하락을 발생시키는 해로운 재료이다. 금리 인상, 바이러스 대유행, 가격하락, 북한의 미사일 발사 등의 내용이 주가에 나쁜 영향을 미친다. 호재 뉴스는 가격이 상승하면서 장이 시작할 가능성이 높고, 악재 뉴스는 가격이 하락하면서 장이 시작할 가능성이 높다.

시간외 단일가 매매로 시초가를 예상한다

앞서 Chapter 3에서 알아봤던 것처럼, 주식시장 시간에 따른 거래 중 전날의 시간외 단일가 매매를 확인하면 다음날 종목의 시초가를 예상할 수 있다. 시간외 단일가 매매의 거래 가격과 거래량이 판단의 기준이 된다.

덕산하이메탈

정규시장 종가: 9,000원, 거래량: 10만 주

시간외 단일가 가격: 9,300원, 거래량: 500주

덕산하이메탈의 시간외 단일가 가격은 내일 시초가에 영향을 거의 주지 않는다. 이유는 시간외 단일가 거래량이 아주 미미하기 때문이다.

포스코 ICT

정규시장 종가: 7,000원, 거래량: 50만 주

시간외 단일가 가격: 7,500원, 거래량: 20만 주

포스코 ICT의 시간외 단일가 가격은 다음날 시초가에 상당한 영향을 주어 전일종가 7,000원에서 500원이 오른 7,500원 언저리에서 거래가 시작될 가능성 높다. 전일 시간외 단일가 매매의 종가와 거래량의 추이를 잘 지켜보면서 주식 개장 전 매매전략을 짜야 한다. 특히 거래량이 어느 정도인지에 따라 다음날 영향을 미칠 수도 있고 미치지 않을 수도 있다는 점을 꼭 기억하는 것이 좋다.

Mentor's Tip!

단기 속성! 데이트레이더의 매매법

데이트레이더들은 여러 방법으로 단기 매매를 한다. 전문가들이 쓰는 방법들을 따라하면 투자 실력을 높이는데 도움이 된다.

① 당장 매수할 수 있는 핵심 관심 종목을 10개를 사전에 선정하기

② 다음날 정규시장이 개장하면 10분 내로 거래량이 증가하면서 상승하는 주식을 빠르게 매수하고 3~5퍼센트 상승 후 매도하기

③ 단기 매매에서 가장 중요한 거래량 증가에 주목하기: 전일 거래량을 상회할 만 한 주식으로 매매하는 것이 가격 상승에 힘을 받기 쉽다.

기업이 자금을 조달하는
3가지 방법을 알아야 하는 이유

기업이 시설을 증설하거나 운영자금을 조달할 때는 어떻게 할까? 기업은 크게 세 가지 방법으로 자금을 조달한다. 자금 조달 후의 수익률은 자금조달 비용보다 높아야 한다는 큰 전제가 있어야 한다.

첫 번째, 회사의 이익잉여금으로 마련한다. 기업의 영업활동을 통해 누적된 이익잉여금으로 자본을 조달할 경우 기업의 자산을 활용하므로 주식수에 변동이 없다.

둘째, 부채를 통해 마련한다. 여기서 발생하는 부채란 은행에서 필요한 만큼 빌리거나 회사채를 발행하여 얻는 것, 또는 유상증자를 의미한다. 대출이 발생하거나 회사채를 발행할 때 원금과 이자 상환에 대한 부담이 생기므로 기업은 대부분 발행주식수를 늘리는 방법을 택한다. 이를 유상증자라 한다. 주식발행수를 늘려 현금을 조달한다. 회사의 가치는 그대로인데 발행주식수가 늘어나면 주식의 가치는 떨어지므로 주주

입장에서는 악재에 가깝다.

셋째, 위 두 가지 방법에 의한 자금조달이 여의치 않다면 특수사채(전환사채, 신주인수권부사채)를 발행해서 자금을 조달한다. 특수사채를 발행하면 유상증자와 마찬가지로 주식수가 증가하기 때문에 주식 가치가 훼손된다. 특수사채를 인수하는 대부분의 투자자들은 낮은 이자를 위해 사채를 인수하지 않는다. 저가로 주식으로 전환해서 수익을 낼 목적으로 특수사채를 인수한다.

사채의 전환가액이 주가보다 낮아서 주식으로 전환되면 전환가액보다 높은 금액에 매도하여 단기 수익을 거두는 경우가 대부분이다.

그러나 특수사채 발행이 무조건 주가에 악영향을 미친다고 할 수는 없다. 오히려 특수사채 발행 후에 주식으로 전환해서 인수한 다음 주가가 상승한 경우도 많기 때문이다. 다만 이러한 특수사채를 발행한 회사의 재무 안전성에 큰 문제가 있는 것으로 판단했다면 그 주식은 매수해서는 안 된다. 실적과 재무상태가 좋은 주식만 매수하는 것이 좋다.

■ 전환사채CB vs. 신주인수권부사채BW

전환사채CB와 신주인수권부사채BW에는 공통점과 차이점이 있다. 회사채 보다 낮은 이율로 자금을 조달하고 만기 후 주식으로 전환 가능한 점은 같다.

그러나 전환사채CB의 경우 처음 정해진 전환가액을 기준으로 만기 후 주식으로 전환할 수 있는데, 주가가 떨어졌을 때도 전환가액을 조정할 수 있다. 다만 전환가액 조정은 최초 전환가액의 70퍼센트까지만 가능하다. 사채발행금액만큼 주식으로 전환되어 사채권자 입장에서는 별도의 자금을 투입하지 않는다.

$$사채발행금액 \div 전환가액 = 주식수$$

예를 들어 40억 원의 전환사채 발행 후 전환가격을 주당 10,000원으로 했다면 전환사채권자는 40만 주로 전환할 수 있다.

신주인수권부사채BW는 만기 후 주식을 인수할 권리를 가진다. 주식을 인수할 권리를 행사하면 사채권자 입장에서는 '사채발행금액 ÷ 전환가액 = 주식수'만큼 별도의 자금을 투입해야 한다. 예를 들어 40억 원의 신주인수권부사채 발행 후 전환가격을 주당 10,000원으로 했다면 신주인수권부사채권자는 40만 주로 전환하는데 별도로 40억 원을 투입해야 한다. 결론적으로 CB나 BW를 발행하면 주주들에게는 악재로 작용한다. 주식수가 많아져 주주가치가 훼손되기 때문이다.

Mentor's Advice

배당주 투자

배당을 받기 위해서는 결산기(대부분 12월)에 그 주식을 보유하고 있어야 한다. 배당 투자는 언제까지나 '옵션'이어야 한다. 배당 투자가 주된 목적이 되어서는 안 된다. 배당 여부가 확정적이지 않아 투자가 불안하기 때문이다. 배당 수익률이 4퍼센트라고 하여 매수했는데, 오히려 주가가 10퍼센트 하락한다면 배당 투자로서의 매력은 없다고 봐도 좋다. 따라서 배당주를 매수할 때에도 기본이 먼저임을 잊지 말자.

경제와 뉴스에 민감하라, 그리고 판단하라!

전 세계 글로벌 동조화 현상이 더욱 강해지고 있다. 미국 대통령 선거 결과는 한국 증시에도 영향을 미친다. 따라서 세계경제 그리고 한국경제 뉴스를 꼼꼼히 살피고 판단할 수 있어야 한다.

'코로나19'가 장기화되면, 유망업종인 언택트 관련주와 온택트 관련주, 그리고 제약 바이오 관련주 매수를 고려하고, 침체업종인 항공과 여행 관련주, 영화 관련주는 매도를 고려한다.

'백신이 개발'되면, 항공과 여행 관련주의 매수를 고려하고, 반대로 언택트와 온택트 관련주, 제약 바이오 관련주의 단기 매도를 고려하며 유동적으로 판단한다.

반도체 관련주가 유행하면 삼성전자뿐만 아니라 반도체 '장비'나 '소재'를 생산하는 업체까지 보는 것이 좋다. 전 세계적인 해킹 뉴스로 들썩거리면, 보안업체 관련주를 살펴본다.

주식투자, 답이 없기 때문에 더 재미있다

중학교 3학년, 주식을 시작하다!

중학교 3학년, 주식투자(투기?)를 시작했다. 4개월 만에 투자금의 2배의 수익을 기록했다. 대한민국의 어린 워런 버핏Warren Buffett의 탄생을 알리는 때였다.

필자는 초등학교 전교 어린이회장 출신이다. 딱 초등학교 때까지만 공부를 잘했다. 중학교 1학년 서울로 전학을 오면서부터 공부 실력에 대한 현실을 자각했다. 그때 새롭게 찾은 돌파구가 바로 주식이었다. 아버지께서는 중학생이 주식투자를 하는 것에 대해 극구 반대하셨지만 집안에서 주도권을 잡고 계신 어머니께서 필자의 주식투자에 동의하셔서 결국 중학교 3학년 어느 여름날부터 주식투자를 하게 되었다.

당시 종로5가에 있었던 동남증권(현 하나금융투자)에 가서 계좌를 개설하고 주식투자를 시작하게 되었다. 과거에는 HTS나 MTS가 없던 시대였다. 인터넷 환경도 기대할 수 없었다. 주식에 대한 매수와 매도 주문은 증권사 지점에 직접 방문해서 내거나 유선전화를 통해 낼 수 있었다. 가끔 중·고등학교 때 친구들을 만나게 되면, 친구들은 필자를 매일 쉬는 시간마다 공중전화로 달려가 현재가, 거래량, 호가 등 주식에 대해 문의하던 독특한 친구로 기억하고 있다. 수업이 끝나면 직접 객장에 가서 단말기를 통해 주식의 현재가, 거래량, 매도호가, 매수호가, 차트를 확인했다. 당시에 필자가 자주 거래했던 주식들은 자산주들이 대부분이었고 4개월 만에 투자금의 2배 이상의 이익을 거두기도 했다.

고등학교 시절 주식으로 수익을 내면서 스스로가 주식 천재인 줄 알았던 때를 지금에 와서 돌아보니 부끄럽기 짝이 없다. 다만, 그때 주식투자를 했던 경험은 필자의 성장에 상당한 도움이 되었다. 그때부터 제대로 주식 공부와 경제 공부를 했었더라면 하는 점이 좀 아쉽다. 지금처럼 정보를 얻는 다양한 경로도 없었고 길잡이도 없었다는 점 역시 아쉬운 부분이다.

16살부터 주식투자를 경험한 선배로서 공부에 집중해야 하는 중·고등학생들에게 주식을 권하고 싶지는 않다. 주식투자를 하면 절대 공부에 집중할 수 없기 때문이다. '정말 주식투자를 하면 공부에 집중하기 힘들까? 공부도 잘하고 주식투자도 잘 할 수 있지 않을까?' 하는 생각을 할지도 모르겠다. 경험해보지 못한 분들은 이해하지 못할 수도 있겠지만, 답은 하나다. 절대 안 된다.

이해를 돕기 위해 필자의 중·고등학교 시절 에피소드를 말해보겠다.

학창 시절 주식이 상한가를 기록한 적이 있었다. 주식시장 개장 후 수업 시간, 쉬는 시간에 공중전화로 증권사에 전화해서 필자가 보유하고 있는 주식의 현재가를 물어보니 증권사 직원이 현재 상한가라고 했다. 필자의 가슴이 마구 떨리기 시작했다. 기분이 하늘을 날듯 좋았다. 문제는 그때부터였다. 수업에 집중하지 못했다. 다른 것이 눈에 들어왔을 리 없었다. 상한가를 여러 번 맞아본 분들은 필자의 이 흥분을 이해할 수 있으리라. 수업 시간임에도 화장실에 다녀오겠다는 핑계를 대고서 공중전화로 달려가 상한가가 계속 유지되는지 아니면 상한가가 무너지고 가격이 내려왔는지를 지속적으로 확인했다. 반대의 경우도 있었다. 필자가 보유한 주식이 하한가란다. 공부에 집중은 먼 나라 이야기일 뿐이다. 주식투자를 하는 순간부터 사실상 공부는 끝이다. 그렇기 때문에 공부에 집중해야 하는 중·고등학교 학생에게는 주식투자를 하지 말라고 말한다.

중학교 3학년부터 주식투자를 시작했지만 실제로 많은 수익을 낸 시기는 최근 5년 전부터다. 수익을 내는 비결이 무엇이냐고 물어온다면, 첫째, 여유자금으로 투자를 하고 있고, 충분한 여유시간을 갖고 투자하고 있다. 둘째, 피나는 노력과 경험의 결과다. 셋째, 어떠한 경우라도 실적과 재무상태가 좋은 주식만을 고집한다. 넷째, 주식을 좋아하고 잘한다는 자신감이 있다. 다섯째, 주식은 확률의 게임이고 늘 손실을 볼 수 있다고 편안하게 생각한다. 여섯째, 나만의 주식 종목발굴과 매매에 대한 노하우가 있다. 일곱째, 다양한 주식 강의를 하면서 더 많은 공부를 한다는 것이다. 출판계약 당일, 필자는 '신진에스엠'이라는 주식으로 큰 수익을 냈다. 지난달에는 '덕산하이메탈' 주식이 상한가를 쳐 역시 큰 수익을 볼 수 있었다. 여러분도 매달 한 번씩 상한가를 맞아보길 소망한다.

주식 찌라시를 만들어 용돈을 벌다

고등학교 1학년부터 주식과 관련된 선전지를 만들었다. 주식 종목에 대한 정보를 얻는 데 한계가 있었다. '네이버금융', '금융감독원 전자공시 시스템', '각 증권사 홈페이지', '한경컨센서스', 'HTS', 'MTS' 등 지금처럼 다양한 정보를 얻을 수 있는 곳이 거의 없었다. 당시 종목에 대한 정보는 1년에 한 번 발행하는 《상장사기업투자분석》 책과 '경제신문', 증권사에 가면 가끔 남아있던 '애널리스트들의 종목보고서' 등에서 얻을 수 있을 뿐이었다. 그래서 찌라시를 만들어보기로 했다. 앞서 본 《상장사기업투자분석》과 경제신문의 뉴스, 종목보고서 등을 짜깁기했다. 처음에는 수업 후 오후에 증권사 지점 객장에 있었던 사람들에게 무료로 나누어 주었다. 한 달에 한두 번씩 만들어서 뿌린 추천종목들이 상승하기 시작하면서 입소문이 났다. 이후에는 매달 1만 원씩에 만들어 팔았고, 아저씨와 아주머니 열 분쯤이 사 가셨다. 당시 회수권이 120원이었는데 교통비를 쓰고 용돈으로 사용할 수 있을 정도로 넉넉한 액수였다.

주식으로 결혼자금을 날리다

필자는 IMF가 터졌던 시기에 결혼을 했다. 결혼 4~5개월 전 부모님께서 서울 강동구에 있는 시영아파트를 신혼집으로 사주신다고 하셨다. 당시 그 아파트 가격이 대략 8,000만 원이었는데 부모님 돈 6,000만 원에 대출을 2,000만 원 더한 금액이었다. 그러나 아내와 그 아파트를 다녀온 후 신혼집으로 적합하지 않다고 생각했다. 너무 노후했기 때문이다(이 아파트는 몇 년 전 재건축을 해서 시가만 20억 원에 육박한다). 그래서 부모님께

부탁을 드렸다. 현금 6,000만 원을 내주시면 그것으로 다른 집을 알아보 겠다고 말이다. 결혼식까지는 4~5개월 정도의 시간이 있었기에 주식투 자로 돈을 더 불릴 계획이었다. 더 좋은 아파트로 이사를 하고 싶은 마음 이 굴뚝같았기 때문이다. 그때 매수한 종목이 태화쇼핑이다. 당시에는 주식을 매수할 때 회사의 실적이나 재무상태를 보지 않았다. 단기적으 로 수익을 극대화하기 위해 거래량이 폭증하면서 주가의 변동성이 큰 종 목을 골랐다. 결과가 어떻게 되었을까? 매수 한 달 후에 태화쇼핑이 부 도가 나서 주가가 1/5 토막이 나버렸다.

아찔했던 순간이었다. 죽고 싶을 정도였다. 주식투자를 할 때 실적과 재무상태가 좋은 주식, 그리고 여유자금과 여유시간을 가지고 해야 한 다는 교훈을 뼈저리게 얻었다.

주식 강의를 시작하다

몇 년 전 선배가 주식 특강을 부탁했다. 선배의 아들이 다니는 고등학 교 주식동아리에서 주식 특강을 1시간만 해달라는 것이었다. 아이가 동 아리 회장이고 이러한 '스펙'이 대학교를 진학할 때 중요하다며 부탁을 하여 흔쾌히 강의를 수락하였다.

당시 주식 특강의 내용은 이러했다. ① 고등학생은 주식을 해서는 안 된다(공부를 하지 못한다고 말하니 동아리 학생들이 반발했다). ② 주식투자를 한다면 사전에 주식 관련 서적과 경제 관련 서적을 읽고 경제신문도 꾸 준히 읽으면서 내공을 키워라. ③ 주식투자는 여유자금과 여유시간을 가지고 해야 한다. ④ 주식을 고를 때는 영업실적과 재무상태가 좋은 주식이어야 한다. ⑤ 주식은 장기 투자 관점에서 접근해야 한다. ⑥ 욕심과 조바심은 절대 금물이다. 약 40여 명이 주식동아리 학생들이 특강을 들었다. 학생들에게 만약 주식투자를 할거라면 특강에서 배운 대로 하겠다는 다짐을 받고 강의를 마쳤다.

진짜 주식 강의를 시작하다

신혼 초 아내는 주식투자하는 것을 좋아하지 않았다. 물론 지금은 최고의 지원군이다. 신혼 초에 목돈이 생기면 아내에게 주지 않고 몰래 주식투자를 하다가 날린 적도 많았다. 아내 몰래 하던 강의 알바 등을 통해서 어쩌다 1,000만 원이 생기면 그 돈을 증거금으로 2,500만 원치 미수로 주식투자를 하다가 손해를 크게 낸 적도 여러 번이었다. 뭐든 한 번 빠지면 끝장을 보는 성격으로 손해만 연거푸 내는 것을 보고 아내는 주식투자를 반대했었다.

5년 전부터는 여유자금과 여유시간을 가지고 장기 투자로 제대로 해보자고 아내와 상의했고, 재무상태와 실적이 좋고 기술적인 분석 즉 차트도 급격한 상승 없이 차분하게 횡보하고 있었던 S&K폴리텍을 3,000원대 초반부터 4,000원대까지 여러 번에 걸쳐 매수했다. 정기적금을 들어둔 셈치고 주식을 사 모았다. 기본적인 분석(실적과 재무제표 등)과 기술적인 분석(차트분석 등)에서 좋은 주식을 사게 되니 마음이 편하고 주식시장을 계속 들여다보지 않아도 괜찮았다. 2~3년 전부터는 필자가 운영하는 네이버카페 '설춘환캠퍼스 · 1년투자클럽반' 수강생(부동산투자가 주목적인 수강생)들에게 'S&K폴리텍'을 장기적인 관점에서 매수하라고 조

언하였다. 2020년 2월 주식 가격이 1만 원을 넘었을 때 수강생들에게 매도를 권했고, 필자 역시 1만 원대에서 가진 주식의 40퍼센트, 이후 주가가 조금 떨어져 9,000원대에서 30퍼센트, 나머지를 8,000원대에 전량 3분할 매도하였다. 자회사 상장 등의 이벤트가 있었지만 코로나로 인해 상장효과를 보지 못한 것이 많이 아쉬웠다. 이후에 필자가 운영하는 카페 수강생들에게 가끔씩 추천한 주식들이 대거 상승하면서 수익을 내었다. 주식 강의를 하면 많은 도움이 될 것 같다는 수강생의 응원에 힘입어 2020년 7월, 운영 중인 네이버카페 '설춘환캠퍼스'에서 주식 강의를 시작했다. 평가가 좋아서 주식 강의에 자신감이 생겼다. 유튜브 '설춘환캠퍼스'도 부동산보다는 주식을 위주로 콘텐츠를 바꾸었다. 운 좋게 많은 구독자분들의 사랑을 받고 있다. 진정성 있고, 깔끔한 내용의 영상을 소개하고 싶었는데, 구독자 여러분들께서 알아주신 것이라 생각한다.

주식 강의를 시작하면서 좀 더 알기 쉬운 형태로 정보를 설명하고자 시중에 나온 주식 서적 약 20~30여 권을 모두 섭렵했다. 초보 투자자 입장에서 쉽게 이해하기 쉬운 책이 많지 않았다. 그래서 가장 쉽고, 주식 초보자를 포함한 주식투자자들이 종목을 발굴할 때 가장 최고의 방법을 제시하는 가장 최고의 주식 책을 집필하겠다고 마음먹었다. 주식 강의는 다른 사람들보다 주식 공부와 간접경험을 더 많이 하게 된다는 덤이 생긴다.

주식 수익으로 아내에게 벤츠를 선물하다

최근 3~4년간 주식으로 예상한 것보다 많은 수익을 올렸다. 특히 기본적 분석과 기술적 분석, 그리고 기관투자가와 외국인 투자자의 수급을 중요한 매수 판단 기준으로 본 것이 잘 맞아 떨어졌다. 좋은 우량주는 언젠가 반드시 그 잠재력을 터트리게 되어 있다. 최근에 단기적으로 20퍼센트 이상 수익을 본 종목으로는 원풍, 인팩, 인화정공, 부스타, 셀트리온, 흥국, 덕산하이메탈, 유비벨록스, 아이에이, 삼영엠텍, 엘비세미콘, 일신바이오, 신진에스엠, 바이오니아, 한국카본, 포스코 ICT, 한미반도체, 현대일렉트릭, 위니아딤채, 삼성엔지니어링, 팬오션, 유니셈 등이 있다. 모두 실적과 재무상태 그리고 기술적인 분석과 기관투자가와 외국인 투자자의 수급이 좋았던 종목들이다. 수익을 내면 제3계좌 또는 제4계좌로 수익금을 옮기기도 하지만 그 기회에 집에서 가장 행복해야 할 아내에게 벤츠Mercedes Benz를 선물했다. 엄마가 행복하면 두 공주도 행복하고, 두 공주가 행복하면 아빠도 행복하고, 그러면 가정이 행복하고 나아가서 국가도 행복해지는 것이 진리기 때문이다. 여러분은 어떻게 생각하시는지?

주식은 운과 확률의 재테크다

주식에는 답이 없다. 답이 없기에 더욱 재미나고 흥미로운 재테크다. 똑똑하다고 주식으로 돈 벌고, 못났다고 주식으로 돈을 못 벌지 않는다. 주식은 운과 확률의 재테크라 말할 수 있다. 기본적 분석이 좋아도, 기술적 분석이 좋아도 주가는 떨어질 수 있다. 외부변수에 많은 영향을 받는다. 다만, 기본적 분석과 기술적 분석이 좋은 주식들이 그렇지 못한 주식들보다 주가가 상승할 가능성이 높다는 것은 자신 있게 말할 수 있다.

주식 종목을 발굴할 때 '기본적 분석'과 '기술적 분석'은 절대 놓쳐서는 안 되는 주식투자자의 자존심이어야 한다.

그리고 과욕은 금물이다. 주식은 운도 많이 따라야 한다. 주식이나 부동산 모두 돈을 벌기 위한 원리는 같다. 이 책을 읽는 여러분이 주식과 부동산투자를 통해서 멋진 경제적 자유를 얻길 진심으로 바란다.

이 책이 나오기까지 격려해주신 많은 분들에게 진심으로 감사하다는 말씀을 전하고 싶다. 주식공부의 스테디셀러, 주식투자의 바이블로 불리길 간절히 소망한다. 끝으로 사랑하는 나의 반쪽 숙현과 두 눈에 넣어도 아프지 않을 두 공주 진희, 가희에게 아빠와 선연을 맺어주어 감사하고 사랑한다는 말을 전하고 싶다. 사랑해 '숙진가'.

용산 설춘환캠퍼스에서

설춘환

설춘환 운용 사이트

N 네이버카페 - 설춘환캠퍼스
https://cafe.naver.com/seolch

주식 공부와 주식투자를 할 때 좋은 멘토를 만나는 것은 정말 중요하다. 주식을 처음 시작할 때 간접 경험도 무척 중요하다. 다른 주식투자자들이 투자에 대해 어떤 생각을 가지고 있고, 어떤 점을 궁금해 하는지, 그리고 주식 공부와 주식투자를 어떻게 하고 있는지에 대한 답을 알 수 있는 커뮤니티다. 《주린이도 수익 내는 알짜 주식 선정 노하우 9가지》의 저자이자 대한민국 주식 일타 강사 겸 주식투자자 설춘환 교수가 주식과 관련한 다양한 콘텐츠를 제공한다.

▶ 유튜브 - 설춘환캠퍼스

https://www.youtube.com/channel/UCb87NkXetRJwph6H4pVilrA

설춘환 교수가 제시하는 다양한 재
테크 방법 중 특히 주식에 관련된
핵심 이론과 추천 종목 정보를 얻을
수 있는 유튜브 채널이다. 저서 《주
린이도 수익 내는 알짜 주식 선정
노하우 9가지》의 핵심 내용을 정리
한 강의도 이 채널에서 만나볼 수
있다. 매일 아침 7시, 주식 투자 노
하우와 주식 추천 종목을 확인할 수
있다.

▶ 동영상사이트 - 설춘환캠퍼스

https://www.seolcampus.kr

주식은 물론 부동산 경매와 세관공
매, 그리고 NPL 등 재테크에 대해
심층적으로 알아볼 수 있는 유료 사
이트다. 특히 주식투자에 관한 동영
상이 가장 재미나고 유익한 내용으
로 여러분들의 사랑을 받고 있다.

찾았다! 완전 초보도 할 수 있는 주식투자

주린이도 수익 내는
알짜 주식 선정 노하우 9가지

초판 1쇄 발행 2021년 6월 17일
초판 2쇄 발행 2021년 6월 27일

지은이 설춘환

펴낸곳 (주)이레미디어
전화 031-908-8516(편집부), 031-919-8511(주문 및 관리) | 팩스 0303-0515-8907
주소 경기도 파주시 회동길 219, 사무동 4층 401호
홈페이지 www.iremedia.co.kr | 이메일 ireme@iremedia.co.kr
등록 제396-2004-35호

편집 정슬기, 심미정 | 디자인 박정현 | 마케팅 최민용
재무총괄 이종미 | 경영지원 김지선

ISBN 979-11-91328-17-2 03320

· 가격은 뒤표지에 있습니다.
· 잘못된 책은 구입하신 서점에서 교환해드립니다.
· 이 책은 투자 참고용이며, 투자 손실에 대해서는 법적 책임을 지지 않습니다.

당신의 소중한 원고를 기다립니다. ireme@iremedia.co.kr